# 출판은
# 깡통이다

뚱보강사 이기성의 출판 콘서트

# 출판은
# 깡통이다

이 기 성 지음

머리말

# 구름책 출판 시대에 책이란 무엇인가

컴퓨터를 처음 접했을 때의 감흥은 지금도 잊을 수가 없다. 1971년 일본에서 대형 컴퓨터를 사용하여 책을 제작하는 것을 보고 '한국 출판계에서도 컴퓨터를 사용해야 한다'는 뜻을 품고 컴퓨터에 푹 빠져 지냈다.

1982년 드디어 8비트급 개인용 컴퓨터인 애플II컴퓨터가 한국에 상륙했다. 이 애플II컴퓨터로 원고 작성, 저자 주소 및 DM 발송을 해보니 매우 편리해서, 우리나라 출판계에서도 하루빨리 개인용 컴퓨터를 도입해야 한다고 역설하고 다녔다. 이때부터 출판업계 사람들과 전자출판 관련 학술 세미나를 하기 위한 모임을 가지다가 1988년에 '한국전자출판연구회'를 정식으로 발족시켰다.

1985년부터는 월간 〈마이크로소프트웨어〉 잡지에, 1988년부터는 월간 〈매경PC저널〉과 월간 〈퍼스널컴퓨터〉 잡지에 컴퓨터 관련 칼럼을 쓰고 있었다.

1987년, 1988년 미국과 유럽, 호주를 돌아다니며 대학교수와 출판계 사람들을 만나서 전자출판에 관해 토론을 하고, 이를 참고로《전자출판》책도 펴냈다.

1988년 동국대 언론정보대학원에 세계 최초로 전자출판론 강좌를 개설하고 지금까지 전자출판 강의를 하고 있다. 1994년 12월에는 전자출판을 전공한 사람을 찾는다는 이야기를 듣고 계원예술대학을 찾았다. 출판학과나 인쇄학과가 아닌 '전자출판과'에서 강의를 한다니! 꿈에 그리던 일이었다. 2개월에 걸쳐 실습자재 및 강사 섭외를 하고 1995년부터 출판 강의를 시작했다.

출판현장의 실무체험과 컴퓨터 공학박사로서 쌓은 이론을 융합하여 새로운 학문 분야로 정립한 전자출판을 강의하고 학생들과 전자책 졸업작품을 만들고 대학원생들의 전자출판 학위논문을 지도하면서 마음이 뿌듯했다. 그들의 성장을 지켜보는 것이 참으로 행복했다.

전자출판학의 이론과 배경을 제시하기 위해 113편의 논문과 72권의 책을 집필하였다. 그중에서 가장 많이 팔린 책은《컴퓨터는 깡통이다》로 300만 부 이상이 팔렸다. 이 책은 '컴퓨터란 사람들이 사용하도록 준비된 도구에 불과한 것이므로 컴퓨터를 겁내지 말고 잘 활용하면 된다'는 취지에서 알기 쉽게 설명한 책이었다. 이 책 덕분에 유명인사가 된 뚱보강사는 TV 방송에도 출연하고 라디오방송도 진행했다.

구름책 출판 시대를 맞아 생각해 보니 출판도 깡통이다. 깡통에 참치를 담으면 참치캔이 되고, 복숭아를 담으면 복숭아캔이 된다. 책에 동화를 담으면 동화책이 되고 여행 이야기를 담으면 여행책이 된다. 책에 한 사람의 일생을 담으면 자서전이 된다. 책에 재미있는 이야기를 담으면 소설책이 되고, 책에 논리적인 사상을 담으면 철학책이 된다.

가치 있는 지식과 정보와 데이터를 모은 책의 내용을 종이에 출력하면 종이책이 되고, 책의 내용을 디지털화해서 네트워크에 접속해서 인터넷 서버에 저장하면 전자책이 된다. 콘텐츠를 디스크에 저장하면 디스크책, 인터넷 서버에 저장하면 네트워크책, 모바일 서버에 저장하면 모바일책, 클라우드 서버에 저장하면 구름책이 된다.

컴퓨터에 어떤 하드웨어와 소프트웨어를 어떻게 담을 것인가에 따라 소비자의 활용도가 달라지듯이 책에 어떤 내용을 어떻게 담을 것인가에 따라 독자의 마음을 움직이는 정도가 달라진다.

같은 책이라도 무엇을 담았느냐, 누가 만드느냐, 어떻게 만드느냐에 따라서 천차만별의 차이가 발생한다. 우리 문화를 발전시킬 수 있는 좋은 내용을 출판 전문가가 정성과 솜씨를 다해 잘 만들어야 한다.

전자출판을 집필자가 주도하면 콘텐츠를 잘 만들 것이다. 컴퓨터업계에서 주도하면 시스템을 잘 만들 것이다. 디자인업계에서 주도하면 화면모양이 미려하고 아름답게 만들 것이다. 마케팅업계에서 주도하면 잘 팔리도록 만들 것이다.

하지만 전자출판은 오케스트라와도 같다. 출판사에서 전문 기획자와 편집자가 주도하여 콘텐츠와 시스템과 디자인과 마케팅을 잘 조화시켰을 때 심금을 울리는 명곡이 울려 퍼질 것이다. 속이 빈 깡통은 소리만 요란하다.

컴퓨터든, 출판이든, 전자출판이든 제대로 알아야 한다. 그런데 최근에는 출판에 관한 아무런 지식과 정보도 없이 무모하게 출판창업에 뛰어들었다가 낭패를 보는 일이 많아졌다. 출판사 숫자만도 5만여 개가 넘지만 막상 1년에 1종이라도 출판하는 곳은 약 3천 개이며 한 달에 1종 이상을 발행하는 출판사는 386개에 지나지 않는다. 전자출판물을 발행하는 출판사도 그 규모나 매출이 영세한 편이다.

출판은 결코 쉽게 뛰어들 수 있는 분야가 아니다. 우리 고유의 문화를 보호하고 육성한다는 사명감 없이는 버텨내기가 어렵다. 출판은 단기간에 체득할 수 있는 분야도 아니다. 실무현장에서 일정기간 동안 일해야만 얻을 수 있는 다양한 경험지식이 필요하다.

그동안 출판 현장에서, 대학 강의실에서 출판 실무를 진행하고, 학생들에게 출판을 가르치고, 출판을 연구하며 생각해온 출판콘텐츠, 출판디자인, 전자출판, 한글코드 그리고 우리 문화 이야기를 이 책에 고스란히 담았다. 이 책을 출판하는 과정에서 도움을 준 모든 분들에게 감사드린다.

단기 4348(서기 2015)년 5월
한국전자출판교육원에서
뚱보강사 **이 기 성**

## 차 례

## 제2장 출판과 디자인

## 제4장 미디어 리터러시

## 제5장 우리 역사와 문화

제1장

# 출판과 콘텐츠

# 먼저 우리 문화를 알아야 한다

나는 누구인가? 우리는 누구인가? 한국인은 누구인가? 나는 왜 사는가? 한국인은 왜 사는가? 생각하는 삶이 아니면 동물적인 삶이다. 인간과 동물이 다른 첫 번째가 예절이 있는 것이다.

예절이란 동물사회에서의 힘의 질서에 어긋나는 행위이다. 암놈은 힘이 센 수놈의 종자를 받아야 힘이 센 새끼를 낳을 수 있으므로, 가장 힘센 수놈과 교미를 한다. 어떤 동물은 일부일처제가 아니라 가장 센 놈 한 놈이 암놈 전부를 소유하는 제도도 있다. 가장 세지 못한 나머지 수놈은 암놈을 한 마리도 거느릴 수 없다.

아프리카 차보 국립자연동물원에서도 이런 경우가 많다. 대장 수놈 한 마리가 암놈 30마리와 교미를 한다. 그러나 한두 달만 지나면 가장 힘이 셌던 대장 수놈도 1:30으로 교미를 하자니 쇠약해진다. 무리를 따라다니며 기회를 엿보던 수놈들이 대장 수놈과 싸운다. 대장 수놈은 패해서 달아난다. 새로운 대장이 암놈 30마리를 독식한다.

다시 한두 달이 지나면 기력이 달려 또 다른 수놈에게 대장 자리를 빼앗긴다. 결국 수태 가능한 암놈들은 항상 당시에 가장 힘이 센 대장의 새끼만 임신할 수 있다.

인간의 세계는 어떠한가? 1:30이 아니라 1:1의 결혼 제도이다. 힘이 약해져도 밀려나지 않을 수 있다. 인간 사회는 힘만으로 서열이 정해지는 것이 아니라 힘 이외에도 학력, 돈, 나이, 인격 등 여러 요인이 작용하기 때문이다.

인간 사회는 '어른'이라는 계급을 생각해 내어 힘이 약해져도 '어른' 대접을 해주는 것이다. 이런 예절이 '힘'만의 동물 사회에는 없는 것 같다. 개미나 벌같이 사회생활을 하는 동물에서는 인간세계와 비슷한 일면이 있기는 하지만.

나는 누구인가? 나는 왜 사는가? 먼저 나를 알고 난 상태에서 어떤 책을 만들 것인지, 어떻게 책을 편집할 것인지, 어떻게 책을 디자인할 것인지를 생각하는 것이 올바른 순서이다.

한국인은 누구인가? 한국인의 철학은 어떤 것인가? 한국의 역사는 어떠한가? 한국의 지리와 환경은 어떠한가? 한국의 종교는 어떠한가? 내가 살고 있는 한국의 문화를 알아야 외국의 문화와 경쟁할 수 있다.

외국 책을 읽고, 외국 유학을 다녀오고, 외국 영화를 보는 것도 중요하다. 우리 문화를 알고서 외국 문물을 보는 것과 우리 문화를 모르고 외국 문물을 보는 것은 그 이해 정도가 다르다. 우리 것을 확실히 알고 있어야 외국 것을 비교하고 분석하여 완전히 이해할 수 있다. 내가 누군지 모르고, 우리 문화가 무엇인지 모르고 외국 트렌드를 따르고 외국 문물을 숭배하는 자세로는 외국 문화를 앞지르기는커녕 외국과 어깨를 나란히 하기도 힘들다.

트렌드를 따라가면 시대에 뒤처진다. 세계의 트렌드나 유행을 따라가서는 발전 속도를 따라잡을 수 없으며 시대에 뒤처진다. 음식으로 비유하자면 "이탈리아는 피자, 미국은 콜라, 한국은 김치!"라고 말할 수 있다. 한국인이 이탈리아를 따라 피자를 만들거나, 일본인이 피자를 따라 만들면 이탈리아를 따라잡기 힘들다. 미국인이 김치를 만들거나 이탈리아인이 김치를 만들면 한국을 따라잡기 힘들 것이다. 세계적인 경쟁력은 그 나라의 고유문화(음식, 제품)에서 찾아야 한다.

콘텐츠의 소재는 문화로부터 나온다. 한국다운 것과 남의 문화가 아닌 우리의 문화를 콘텐츠에 담아야 세계적 경쟁에서 살아남을 수 있다. 우리의 문화를 올바로 이해하고 사랑해야 한다. 한국 출판물은 한국 문화의 바탕 위에 만들어져야 한다. 우리나라가 세계적으로 경쟁이 가능한 콘텐츠를 만들기 위해서는 항상 우리 문화를 생각하고 발전시켜야 한다.

# 02

## 출판은 문화산업이다

　한국의 출판인은 한글문화를 보존하고 창달시키며, 한국말을 계승시키는 역할을 한다. 출판은 저자와 독자를 연결하는 종합 연출 사업이자, 문화산업이고 지식산업이고 정보산업이다. 출판은 그 민족의 문화를 계승하고 발전시키는 역할을 한다. 역사, 변화, 놀이 문화, 식사 문화, 지식, 오락, 뉴스, 문학 등 그 집단(사회, 국가, 민족)의 공동 문화를 글자나 그림이나 사진이나 소리로 보관하고, 현 세대는 물론 후세에게도 전해 주는 임무가 출판인에게 있다.

　현대적 출판은 미디어 프로세싱(media processing)의 개념으로 커뮤니케이션 과정에 따라 ① 출판사, 신문사, 방송국, 통신사 등 커뮤니케이터가 ② 자신 또는 저작자의 저작물인 원고 또는 원화를 입수, 정리, 제작한 서적(메시지, 내용, 저작물)

을 ③ 판매기구 또는 기타의 방법(채널)으로 독자(수용자)에게 전달(제공)하여 그들의 정신적 욕구나 흥미를 만족시켜 주고, 그 대가로 이윤을 추구하는 경제적 및 문화적 커뮤니케이션 행위라고 정의할 수 있다.

컴퓨터의 발달과 전자기록 매체의 발달에 의한 디스크가 출현하면서, 종이가 아닌 디스크에 내용을 담는 행위까지도 출판의 영역에 포함되므로 출판(미디어 프로세싱)의 정의는 종이 미디어와 전자 미디어를 사용하여 단행본(도서, 서적, 책), 잡지, 신문, 교과서, 방송물 등 내용을 담은 저작물을 펴내 복제하고 배포하는 행위라고도 할 수 있다.

정보사회에서는 출판산업을 콘텐츠 산업이라 한다. 처음에는 콘텐츠 프로바이더라고 하더니, 요새는 아예 콘텐츠 산업이라 하여, 콘텐츠 프로바이더는 물론이고 콘텐츠 프로세서도 겸하라고 요구하고 있다. 그러나 엄밀히 구별한다면 출판은 '콘텐츠 프로바이더'이고 디자인은 '콘텐츠 프로세스'가 된다. 이 두 가지를 다 취급하는 출판디자이너야말로 정보사회의 능력 있는 출판인이다.

정보 시대가 오기 전에는 영어 단어 콘텐츠의 의미가 '문서, 연설 등의 내용이나 목차, 요지'였으나 컴퓨터와 정보통신 기술이 빠르게 발달하면서 각종 유무선 통신망을 통해 제공되는 디지털 정보나 그러한 내용물을 총칭하는 용어로도 널리 쓰이고 있다.

인터넷의 웹 정보에서 보듯이, 거대한 콘텐츠의 빙하가 녹고 있다. 정보의 홍수가 범람하고 있다. 노하우(Know How)가 중시되다가 이제는 노웨어(Know Where)가 중요시되고 있다. 정보사회에서는 노웨어(Know Where)를 알아서 노하우(Know How)를 독자에게 알려주는 출판의 역할이 더 필요해진 것이다.

지금이 정보사회라고들 말한다. 정보사회는 정보가 돈이 되는 사회이다. 정보사회는 지식사회이다. 지식이 자본인 시대이다. 지식 지배의 사회이기도 하다. 지식사회를 만들자는 정치인이 지식 인프라의 기본인 책에 무관심하고, 돈벌이만 되는 아이디어들을 '신지식'이라고 추켜세우고 있지는 않은가? 지식과 신지식을 착각하고, 돈벌이 되는 사업이 지식사회, 정보사회의 기본이라고 알고 있는 것은 아닌지?

# 03

## 변화에 적응하고 변화를 이용하자

지금 40대 이후인 사람은 책이라 하면 종이책만 책인 줄 아는 수가 많다. 그러나 요즘 아이들은 인터넷으로 동화책을 주로 읽지, 소리도 안 나고 동영상도 없는 종이 동화책은 덜 읽는다. "요새 학생들은 책을 안 읽는다"고 걱정하는 사오십대 아저씨, 아줌마들의 이야기를 들으면 답답하기만 하다. 지금 전자책이라고 불리는 화면책을 읽는 학생이 얼마나 많은지 모르고 하는 이야기이기 때문이다.

사오십대가 생각하는 책이란 자기들이 학생 때 주로 접했던 종이책만 책이라 생각하기 때문이다. 사오십대가 학생 시절에 손전화가 있었는가? 전화는 손전화를 인정하면서, 왜 책은 전자책을 책으로 인정하기가 싫은가?

'책을 읽는다, 라디오를 듣는다, TV를 본다, TV를 시청한다'라고 말한다. 지금 세대는 '책을 읽는다'가 아니라 TV처럼 '책을 본다' 또는 '책을 시청한다'라고 해야 맞다. "요새 애들은 독서를 안 해서 큰일이다"라고 말하는 사람은 이미 구세대이다.

요새 애들은 종이책은 잘 안 읽지만 전자책이란 책은 잘 보고 잘 시청하고 있기 때문이다. 종이 매체에 인쇄된 책이냐, 전자 매체에 저장된 책이냐, 인터넷이나 누리통신망 매체에 올려진 책이냐, 또는 종이책이냐 전자책이냐가 문제가 아니다. 애들은 책 속에 들어 있는 내용(스토리, 콘텐츠)을 잘 읽으면 된다. 책의 내용을 표현하는 글자는 그 민족의 문화를 담는 그릇으로 민족의 보물이다.

'언제 어디서나 어느 것이나'의 유비쿼터스 시대에서는 각 산업의 고유분야의 경계가 모호해지고 있다. 출판업계에서는 원고 작성을 하고, 원고를 조판하는 것은 조판업계에서 하고, 조판된 원고를 카메라로 촬영하고 필름으로 만드는 것은 제판업계에서 담당하는 것이 관례였는데, 지금은 원고를 조판하는 것을 아래아한글 같은 워드프로세서 프로그램으로 출판사에서 입력하고, 필자가 워드프로세서로 원고를 작성해 오기도 하고, 제판업계의 필름작업마저도 출판사에서 인디자인이나 퀵익스프레스 같은 탁상출판(DTP) 프로그램을 사용하면 색분

해까지 가능해진 것이다.

영어학원의 강의교재를 종이책으로 출판하는 것은 물론이고, 원어민 발음을 들을 수 있는 전자책(디스크책이나 통신망화면책)으로 발행하는 것이 보편화되었다.

30여 년 전만 하더라도 카세트테이프나 LP판(축음기판)으로 발음을 들었었는데, 이제는 전자책으로 원어민 발음을 들을 수 있음은 물론 동영상까지 볼 수 있게 되었다.

'TV가 방송업계의 전유물이냐?', '디지털TV는 통신업계의 관할이냐?', '위성방송이나 DMB는 방송이 통신의 영역을 침범한 것이 아니냐?'라고 토론해 보아야 그 경계는 이미 무너진 상태이다. 업종 간의 경계선이 무너지고 매체 간의 경계선이 무너지고 융합되는 지금을 사람들은 컨버전스 시대라고들 한다.

라디오가 주류를 이루다가 TV가 발명되어 어느 한쪽이 쇠퇴하는 것이 아니라 라디오와 TV가 둘 다 잘 살아가듯이 출판계에서 종이책과 전자책은 서로 잘 살아나갈 것이다.

아날로그냐 디지털이냐에 관계없이 둘 다 사용되는 출판계의 현실을 '아나털(Anatal : Analog + Digital) 시대'라 부른다. 종이책으로 대표되는 아날로그와 전자책으로 대표되는 디지털이 공존하는 아나털이 바로 출판계의 상황이다.

출판계에서는 아무리 디지털 시대가 도래해도 아날로그를 무시할 수가 없다. 출판물의 최종 출력 매체로 종이가 가장 많이 사용되기 때문이다. 종이책을 만드는 종이와 종이에 인쇄된 활자는 분명 아날로그 방식으로 사용되고 있다.

아무리 출력 매체가 전자매체로 바뀌어서 전자책이 출현했다 하더라도 종이책이 없어지지는 않는 것이 출판계이다. 따라서 출판계야말로 아날로그 책과 디지털 책이 공존하는 환경이다. 아날로그와 디지털이 공존하는 환경이 바로 아나털 환경이고 이 아나털 환경의 출판을 전자출판이라고 부른다.

아날로그와 디지털이 함께 사는 아나털 시대에 출판인과 인쇄인은 변화에 적응하고 변화를 이용하여 업계와 우리 문화 발전의 주축이 되어야 한다.

한국 출판계의 현실은 고유 영역의 파괴가 진행되고 이제는 산업 간의 컨버전스(융합)로 돌아서고 있다. 조판업계와 제판업계는 인디자인과 아래아한글과 포토샵이 점령했다. 소량 인쇄 분야는 복사기와 POD(주문형 인쇄기)가 시장을 잠식하고 있다.

한국 출판업계와 인쇄업계에서는 미래를 정확히 예측하고, 이에 대비해야 한다. 미디어의 발전에 발맞추어 기획, 편집, 디자인, 제작 등 출판 기술이나 인쇄 기술도 발전하지 못한다면 외국 출판사와의 경쟁에서 패배할 수밖에 없다.

# 04

## 지금은 구름책 출판 시대

뚱보강사는 네 곳의 초등학교를 다녔다. 6·25전쟁으로 대구에 피난 가서 대구사범국민학교와 성남피난국민학교의 두 군데, 서울이 수복돼서 미동국민학교, 덕수국민학교를 다녔다.

경기중고등학교 시절은 진공관 시대, 광석(검파석)으로 광석라디오를 만들고, 진공관으로 전축을 만들던 시대였다.

서울대학교 시절은 트랜지스터(TR) 시대, 트랜지스터를 사용한 파워 부분으로 전축(OTL 회로) 만들기, FM 스테레오 라디오(MPX) 만들기 시절이었다. 뚱보강사가 대학 1학년생이던 1964년 6월 3일 계엄령이 선포되고 대학이 휴교되었다. 그때는 마치 전쟁이 일어난 것 같은 분위기였다. 종로5가 서울대학교 교정에는 탱크가 들어서고, 파출소도 총을 든 군인들이 점령하고, 저녁 7시부터는 시내 통행금지여서 집 밖에 나갈 수가 없었다.

이때부터 아버지께서 운영하는 '장왕사'라는, 교과서를 주로 출판하는 출판사에 근무하기 시작했다. 이것이 1995년 1월, 뚱보강사가 계원예술대학교에 오기 전까지 30년간 출판업계에 종사하게 된 동기가 되었다.

뚱보강사가 ROTC 통역장교로 근무하던 군대 시절은 IC 칩 시대, IC 칩을 몇 개 납땜만 하면 라디오와 전축이 만들어지던 시대였다. 뚱보강사가 제대한 후 도서출판 장왕사에서 근무하던 1970년대는 대형 컴퓨터 시대였다. 일간신문이나 백과사전 조판을 CTS로 하던 시대였다.

1980년대는 PC가 보급된 시대, 운영체제로 UNIX와 DOS가 판치던 시대, 전자출판학회(CAPSO)가 탄생한 시대, 한글 DTP가 나온 시대로 One Source One paper Product 시대였다. 특히 1980년대는 정부와 선의의 투쟁을 하던 시절이었다. 컴퓨터의 보급으로 아날로그 한글과 디지털 한글이 공존하게 되면서 많은 정책의 시행착오를 거치게 되었고, 인쇄계와 출판계와 국어학계가 손잡고 전자출판학회가 주도해서 주장한 한글코드와 한글폰트가 표준으로 정착된 시대였다.

1990년대는 윈도우 시대, 멀티미디어 시대, 인터넷 대중화 시대, 전자책(ebook) 보급 시대였다.

2000년대는 모바일 시대, 유비쿼터스 시대, 스마트 시대, OSOP에서 OSMP로 다시 OSUP로 변화한 시대였다.

2010년대는 구름책 시대, 클라우드 컴퓨팅 출판 시대(구름책 출판 시대)이다. 클라우드 컴퓨팅(cloud computing)이란 그 속이 보이지 않는 구름(cloud)에 서버(컴퓨터)만을 놓고, 이 서버를 통해 여러 사람이 컴퓨터로 개인 작업을 하는 패러다임을 말한다. 웹하드 시스템, 돈 찾는 기계(은행의 ATM), 비행기, 기차, 영화관의 실시간 좌석 예약 시스템, 주민등록/인감 증명 발급 시스템에 이미 활용되고 있다.

클라우드 컴퓨팅 출판 시대는 웹하드와 와이파이가 합쳐져 사용되는 시대이다. 우리나라에서는 네이버의 N-드라이브, 다음의 Daum-클라우드가 클라우드 시대를 선도하고 있다.

대형 컴퓨터에서 초소형 마이크로컴퓨터를 거쳐 책상 위에 올려놓을 수 있는 데스크탑으로 크기가 작아지고, 다시 무릎 위 랩탑에서 노트북으로, 손바닥 위 팜탑에서 웹탑(웹컴)이라 불리는 스마트폰과 e잉크를 사용하는 단말기 시대를 거쳐 현재는 태블릿 컴퓨터로 진화했다. 갤럭시, 아이폰이라 불리는 스마트폰과 넥서스, e잉크를 화면 디스플레이로 사용하는 단말기 시대에 도달했다.

인쇄와 출판도 전통 납활자 조판에서 사진식자 조판으로,

다시 디지털 활자 조판으로 변화하고, 종이 위주의 전통출판에서 전자출판으로 변화하여 공생하고 있다.

전자출판 제작 방식도 CTS는 DTP로, DTP는 DTPp로 다시 CTF로 또다시 CTP로 변화하고 있다. 현재는 POD출판과 셀프출판(에스프레소 출판), 1인출판 방식이 널리 보급되었다.

이렇게 1960년대는 금속활자 출판, 1970년대는 사진활자 출판, 1980년대는 전산활자 출판으로 변하고 1990년대는 환경 친화적 활자 출판으로 변화했다. 2010년대 지금은 구름책 출판 시대가 되었다.

책을 읽는 시대에서 책을 보는 시대로 바뀌었다. 역사를 종이책으로 읽던 시대에서 TV의 드라마로 이해하는 시대가 되었다. 이렇게 변화를 기록하는 것도 출판의 한 부분이다.

아무리 기술이 발전해도 독자가 책을 구입하는 진정한 이유는 콘텐츠의 품질이라는 것도 잊어서는 안 된다.

출판은 콘텐츠를 매체에 담아 독자에게 전달하는 것인데, 현대 사회는 고유문화와 정신을 담은 형태의 콘텐츠를 개발해야 세계와 경쟁할 수 있다. 콘텐츠라는 단어는 이미 있었다. '내용'이 바로 콘텐츠이다. 책의 내용은 콘텐츠이고, 문장론이란 단어는 스토리텔링이고, 원고지정이라는 용어는 타이포그래피라고 부른다.

내용이 없는 책은 공책이나 팬시 제품이나 아트북에 해당한다. 내용보다 형태를 중시하는 아트북이나 공책은 내용(콘텐츠)의 비중이 외모에 비해 빈약하므로 책이라 부르기에 부적당하다. 종이책이나 전자책이나 콘텐츠가 반드시 있어야 책으로 불릴 자격이 있다.

원래 콘텐츠(contents)는 내용으로서 디지털 형태이며, 통신망에 올려놓을 수 있는 상태로 가공된 것만을 의미했었다. 1990년대부터 각 분야에서 콘텐츠라는 용어가 사용되면서 digital data이냐 analog data이냐에 상관없이 단순한 '내용'의 뜻으로 사용되고 있다.

콘텐츠란 새로운 가치를 개발하는 것으로 창의성과 독창성이 있어야 하고, 시장가치가 있어야 한다. 한국적인 것에서 세계적이 될 수 있는 문화적 소재를 골라서 새로운 가치를 창출해 낼 때 그것이 가장 세계적이며, 새로운 트렌드가 될 것이다.

## 05 구름책 시대에는 누가 주인인가?

　2015년 지금은 구름책 출판 시대이다. 영어로는 클라우드 컴퓨팅(Cloud Computing) 출판 시대이다. 클라우드 컴퓨팅이란 소프트웨어 등 각종 정보통신 자원을 대규모 데이터센터(서버)에 통합 집중시키고, 통신망을 통해 어디서든 활용이 가능하도록 해주는 기술과 서비스를 말한다. 클라우드 컴퓨팅 세상은 온 세상이 와이파이(WiFi)로 연결되어 세상 어디서나 무선 인터넷을 사용할 수 있고, 내 개인의 컴퓨터(하드디스크)에다 내 자료를 저장하는 것이 아니고 다른 장소에 있는 하드디스크(서버)에 내 자료를 저장해 놓고 언제 어디서나 어느 기기(PC, 스마트폰, 태블릿)로나 내가 필요할 때 사용할 수 있는 세상이 클라우드 컴퓨팅 세상이다.

　인쇄출판 분야에서는 다른 장소에 있는 서버의 하드디스크에 저장요금을 내고 자기의 자료를 저장하는 방법이 현재의 웹하드 서비스(www.webhard.co.kr)이므로, 전국 어디서나 와이파이 등 방식으로 무선 인터넷 연결이 가능한 다른 장소(구름 속)에 있는 디스크(서버)에다 원고와 사진 등 책 내용을 저장하는 웹하드 서비스를 사용하는 것이 구름책(Cloud Book) 시대의 인쇄출판 방식이다.

언제 어디서나 시대인 유비쿼터스(ubiquitous) 시대가 무르익어 구름책 시대인 클라우드 시대가 된 지금 클라우드 서비스가 사람들의 인터넷 사용을 변화시키고 있다. 마이클 가텐버그(가트너의 애널리스트)는 "개인 클라우드 서비스는 단순한 정보 저장 이상이다. 동기화, 스트리밍 및 파일 공유가 가능하다. 그리고 소비자들은 그러한 기능들을 개인용 컴퓨터보다 더 중요시 여기게 될 것이다"라면서, 개인 클라우드 시대는 1980년대의 PC 시대보다 훨씬 더 큰 중요성을 가지게 될 것이라고 예측했다.

구글이 운영하는 '구글드라이브'는 이메일을 검색하고, 구글 문서도구에 접근할 수 있으며, 문자 인식 기능(OCR)을 사용해 스캔된 문서를 읽거나 구글 고글스(Google Goggles)를 통해 이미지 인식이 가능하다.

애플은 2011년 6월에 애플 세계 개발자 회의(WWDC)에서

'아이클라우드(iCloud)'를 처음 공개하고 2011년 10월 12일부터 정식 서비스를 제공하고 있다.

마이크로소프트는 스카이드라이브(SkyDrive) 서비스를 제공하고 있다. 스카이드라이브 폴더에 저장된 파일들은 클라우드 저장 서비스에 업로드가 됨과 동시에 사용자의 다른 모바일 기기 및 데스크톱에도 동기화되어 다른 기기에서 모두 사용 가능하다.

소규모 클라우드 제공업체로는 드롭박스(Dropbox), 박스넷(Box.net), 슈거싱크(SugarSync), 유센드잇(YouSendIt) 등이 있다.

우리나라에서는 네이버의 N-드라이브, 다음의 Daum-클라우드, LG클라우드(www.lgecloud.com)가 클라우드 시장을 선도하고 있다.

[참고] 와이파이(WiFi)는 무선통신 전파를 이용해 초고속 데이터를 근거리에서 전달할 수 있는 무선 네트워킹 기술로, wireless fidelity(무선 데이터 전송 시스템)의 줄임말.

## 06

# 누가 진짜 전문가인가?

유비쿼터스 시대는 인쇄와 출판과 디자인이 합쳐지는 시대이다. 그냥 3개가 독립된 형태로 합쳐지기도 하고 인쇄도 아니고 출판도 아닌 것으로 짬뽕이 되는 융합 형태로 합쳐지기도 한다. 이러한 시대에 누가 진짜 전문가인지 따져봐야 한다. 경험과 지식에 의한 예리하고 숙달된 눈을 가진 화상 전문가나 제판 전문가들은 지금 어찌 되었는지 생각해 볼 문제이다.

"출판이 무엇이냐? 신문이 무엇이냐? 방송이 무엇이냐? e-learning이 무엇이냐? 통신이 무엇이냐? 이런 걸 따지는 것 자체가 무의미해지는 시대로 진입하였다. 구태여 말하자면 '출판 + 신문 + 방송 + e-러닝 + 통신 = u-출판'이라는 융합(convergence)의 시대가 도래한 것이다. 이런 시점에서 전통 출판과 전자출판을 구분한다는 것 자체가 구시대의 습관인지도 모른다."

이 글은 2006년 10월 28일 일본 도쿄에서 열린 '제12회 국제출판학술회의'에서 뚱보강사가 발표한 논문 '전통 출판의 기술적 변모와 OSUP(The transition of traditional publishing technique and the OSUP)'의 시작 부분이다. '어느 것이 인쇄고 어느 것이 출판이고 어느 것이 디자인이냐'를 따지지 말라는 것이다.

정보 사회나 지식기반산업 사회, 현재의 문화산업 사회에서는 인쇄 출판물의 최종 매체가 종이뿐만 아니라, 전자 종이라 칭하는 디스크, 통신망 화면(네트워크 스크린)인 것이다. 컴퓨터의 발전과 매체(미디어)의 발전에 발맞추어 출판기획이나 편집 기술, 제작 기술도 발전하지 못한다면 이는 세계의 다른 업계와의 경쟁에서 인쇄업계와 출판업계가 뒤처지는 결과를 초래할 것이다.

저자가 원고지에다 원고를 써오면 출판사에서 교정을 보아 인쇄소에다 조판을 맡기면 조판된 교정지를 출판사에다 넘기고, 주고받고 하다가 책임교료(OK)가 나면 인쇄를 하는 것이 정상이던 때가 30년 전이다. 사진식자로 조판하던 시절도 20

여 년 전이다. 그럼 조판 작업은 인쇄업체 일이냐? 출판업계 일이냐? 지금은 저자도 아니고, 인쇄소도 아니고, 출판사도 아닌 편집타자기(워드프로세서)와 탁상출판(DTP) 프로그램이 그 일을 맡아서 하고 있다.

출판사의 편집자나 디자이너가 딱딱한 종이에 그림이나 사진을 붙이고 그 위에다 반투명 트레이싱 페이퍼나 유산지를 붙여서 크기와 자를 곳을 표시하여 제판소로 보내면 대형 수평사진기로 촬영을 하고 음판 수정을 하고 따붙이기(소첩, 대첩)를 하여 양판 필름을 떠서 출판사로 보내왔다. 지금은 제판소의 역할을 포토샵이나 인디자인 프로그램이 대신하니 제판업 영역이 위축되고 있다.

제판업 말이 나왔으니 말인데, '누가 진짜 전문가인지?' 따져볼 필요가 있다. 초보 디자이너에게 단지 컴퓨터를 잘 모른다는 이유로 경험 많고 노련한 제판 전문가가 추방당하고 있지는 않은가? 컴퓨터 프로그램 사용법은 학원에서 6개월이면 배우지만, 제판 전문가는 수십 년을 공부하고 경험을 쌓아야 되지 않는가?

## 07

# 바보야, 중요한 건 내용이야!

미국의 대통령 선거 때 유명했던 구호가 있다. '바보야, 중요한 건 경제야!(It's the economy, stupid!)'가 그것이다. 도덕성이건 문화이건 그런 건 표를 얻는 데 도움이 덜 되고, '세금이 얼마나 줄어드느냐?' 하는 경제 문제가 투표권을 갖고 있는 국민에게 더 먹힌다는 것이고, 그래서 그런지 당시 빌 클린턴이 대통령에 당선되었다.

출판 분야의 구호는 '바보야, 중요한 것은 내용이야!(It's the contents, stupid!)'이다. 책표지 디자인이 출판디자인의 전부라고 주장하는 디자이너에게 출판물은 책표지(book cover)만 있는 것이 아니고 책본문(body text, body of a book)도 있고, 본문 디자인이 더 중요하다는 것을 알려주는 구호이다.

출판디자인 분야에서는 '바보야, 중요한 것은 지적디자인이야!(It's the intellectual design, stupid!)'라고 한다. 미적디자인(aesthetic design)보다는 지적디자인을 더 중시하는 분야가 출판디자인이다. 한 페이지 내에 글자와 그림을 어떻게 디자인하느냐도 중요하지만, 어떤 내용을 얼마나 어떻게 디자인하느냐가 더 중요한 산업이 출판산업이다.

전통적인 종이책 시대에서 1980년대의 시디롬에 담는 전자책(멀티미디어책, 디스크책) 시대로, 1990년대의 인터넷 통신망에 담는 전자책(eBook, 통신망화면책, 화면책) 시대로, 언제나 출판 시대인 2000년대에 들어와서는 전자책(U-book, 유비쿼터스책) 시대로 다양화되고 있다. 만화, 게임, 영화 산업 등에서도 애니메이션이나 컴퓨터그래픽을 사용한 디지털 만화, 디지털 게임, 디지털 영화로 다양하게 변화, 발전하고 있다.

그러나 많은 디지털 작품이 독자나 시청자의 외면을 받아 새로운 컴퓨터 기술만으로 성공하기는 어려워지자, '바보야, 중요한 것은 줄거리야!(It's the story telling, stupid!)'라는 구호가 나오게 되었다.

독자의 눈길을 잡는 것은 좋은 영상만으로는 한계가 있고, 재미있고 유익한 줄거리가 있어야 한다는 것을 깨닫게 된 것이다. 줄거리, 내용 개발과 전개를 위해서는 정보기술 사회에서 사양화되던 국어국문학과 문예창작학 분야 학문이 필요하다는 것을 인식한 결과이다.

비슷한 경험으로, 창의적인 아이디어의 발상은 전공 학문 공부만으로는 부족하고, 전공과 전혀 다른 교양 학문 공부가 필요하다는 것을 뒤늦게 깨달은 바 있었다.

구름책 출판 시대에 들어서면서 전자수업(e-learning), 사이버 강의, 출판, 인쇄, 방송, 신문, 영화 등 제각기 발전하던 산업의 경계가 점점 애매모호해지고 있다. 서로 다른 산업들이 서로 통합되는 경향을 보이는 것이다. 그러나 산업이 각기 발전하든 통합 발전하든 중요한 것은 '내용'이다.

## 자기감정이 녹아 있는 출판디자인

랜덤하우스 출판사에서는 출판디자인의 성공 여부를 출판물의 판매 부수로 계산한다. 독자를 위해 디자인한 것이므로 독자가 구매한 부수를 계산하는 것이 합리적이다. 디자인은 예술 작품을 제작하는 것과는 다르다. 예술 작품이 예술가 자신을 만족시키는 것이라면 출판디자인은 디자이너를 만족시키는 것이 아니고 독자를 만족시키는 것이기 때문이다.

랜덤하우스코리아에서 발행한 스펜서 존슨의 《선물》 한국어판은 출간 3개월 만에 40만 부가 팔렸고, 2011년에는 100만 부 돌파 기념개정판을 발행했다. 밀리언셀러인 이 책을 디자인한 출판디자이너의 본문 디자인과 표지 디자인은 의외로 아주 한국적이다. 시원시원한 행간에 비교적 커다란 한글 활자를 사용하고 있다. 표지도 알록달록하지 않고 점잖다. 그런데 어떻게 한국 독자에게 선택받을 수 있었을까?

사진기만큼 정밀하게 그림을 그린다고 그가 훌륭한 디자이너일까? 아주 정확하게 그린다고 그가 실력 있는 디자이너일까? 무지개처럼 아름다운 색을 썼다고 훌륭한 디자인일까?

외국의 한 대학에서 불합격을 통보한 편지를 소개한다.

"당신의 그림은 아주 완벽합니다. 오랫동안 그림을 그려온 저도 그려내지 못할 만큼 너무나 정확하게 표현하고 있습니다. 그러나 당신만의 색깔은 없는 것 같습니다. 거칠고 투박하더라도 당신만의 생각이 분명하게 나타나는 그림을 그리십시오."

출판 분야는 그래픽디자인만 잘한다고 해서 훌륭한 출판디자이너가 되는 것이 아니다. 다양한 출판 지식과 폭넓은 사고를 통해 인생을 보는 눈을 가져야 훌륭한 출판디자이너가 될 수 있다.

서울대 음대를 나온 어머니의 딸이 중학생 때부터 바이올린 콩쿠르에서 입상하곤 했다. 고등학교 때 미국으로 유학을 보냈다. 그런데 딸은 음대가 아닌 공대에 진학했다.

"나는 다른 애들보다 바이올린 켜는 기술은 더 좋아. 그렇지만 다른 애들은 작곡가의 곡을 이해하고 자기의 음악으로 소화해서 연주할 줄 알아. 나는 암만해도 내 음악으로 만들

수가 없었어. 난 공대 생활이 맘이 편해.”

출판디자이너가 되기 위해서는 그래픽디자인에서 요구하는 미적디자인 이외에 지적디자인에 관한 지식이 추가로 필요하다. 그래픽디자인을 잘하면 출판디자이너가 되기 위한 기초 단계에서는 남보다 유리하다. 그러나 많은 책을 읽은 지적 디자이너나 편집자의 단계로 도약하려면 ‘자기의 감정이 녹아 있는 디자인’을 할 수 있도록 노력해야 한다.

상품은 기획력이 경쟁력이다. 독자를 만족시키는 출판디자인은 기획력에 따라 성공 여부가 결정된다고도 말한다. 특히 책이라는 문화상품은 소비자의 요구를 얼마나 적절히 파악하느냐가 중요하다. 기획, 편집, 제작, 마케팅 단계의 4단계에서 항상 독자를 염두에 두어야 한다.

출판디자이너는 자기만의 철학을 표현할 수 있는 독창성을 보유함은 물론, 독자를 위해 철저한 준비와 배려를 해야 한다.

# 09

## 내용이 없다면 책이 아니다

출판물을 전시하는 도서전시회에 다녀온 뚱보강사가 화를 낸다. 책을 펼쳐볼 수 없는 전시였기 때문이다. 귀중품도 아니고 희귀본도 아닌데, 전시대 윗면이 투명 유리로 되어 있고, 책은 그 안에 자물쇠로 잠겨 있었다. 앞표지(표1)만 볼 수 있고 책의 본문을 볼 수 없었다.

앞표지가 책인가? 본문이 책인가? 둘 다가 책인가? 나중에 들으니 아니나 다를까, 그 전시 책임자는 해고당했다고 한다. 책과 크리스마스카드를 구별하지 못하는 사람이 어떻게 출판 관련업계에서 일할 수 있겠는가?

아트북과 책을 구별하지 못하는 사람은 북아트와 북디자인을 구별하지 못하는 경우가 많다. 아트 화장실은 순금으로 만든 화장실이거나 화장실 모양의 조각품을 말한다. 반면에 화장실 디자인은 화장실 실내를 어떻게 디자인해야 실용적이고 미적으로 아름다워질 것인가를 추구한다.

순금으로 만든 작품인 아트 화장실이나 화장실 모양으로 조각한 나무는 아름다울 수는 있어도 실제로 소변이나 큰 것을 볼 수는 없다. 아트 화장실은 말마따나 예술 작품을 말하고, 화장실 디자인은 화장실이라는 상품의 가치를 올려주는 작업이다.

얼마 전에 아파트 분양 견본주택에서 엄마가 청약 서류를 작성하는 사이에 데리고 간 아이가 모형으로 만든 화장실의 변기에다 용변을 보았다고 건축 회사 직원이 애를 때려서 논란이 인 적도 있었다.

아트북의 정의는 '책이기를 포기한 책'이라고 우선 정의하고, '책의 형태를 빌려서 제작한 예술품'이라고 말한다. 반면에 북디자인은 '책'을 디자인하는 것이다.

출판디자이너가 디자인할 때는 절대로 책의 본문을 포기하면 안 된다. 책은 반드시 내용이 있어야 한다. 내용이 없으면 책이 아니라 공책이다.

책이라면 저자의 지식, 정보를 다수의 독자에게 전달하는 것이 주된 사명인데, 책의 본문은 없고 표지만 있다면 이것은 책이 아니라 아트북이다. 아트북을 만드는 사람은 출판디자이너가 아니고 예술가이다.

제작하는 수량에 따라서 출판물과 예술품이 쉽게 구별된다. 10부 이내의 소량을 제작한다면 예술품이고, 100부 이상을 제작한다면 이는 출판물이다. 대부분 순수 제작하는 수가공 형태는 책의 모양을 빌린 예술품이기 쉽고, 인쇄 과정과 제책 과정에서 기계의 힘을 빌려서 수백 부 이상을 제작한다면 출판물이다. 쉽게 구별하면 아트는 순수 예술이고 디자인은 응용 예술(상업 예술)이다.

책은 도서전시장, 도서관, 서점 등에서 볼 수 있고, 예술 작품인 아트북은 미술관에서 볼 수 있다. 그런데 도서관과 미술관을 구별 못하는 사람이 출판물 전시 책임자였다니 해고당하는 것이 당연한 일일 것이다.

# 우리나라의 출판산업 규모와 KDC 분류

한국 고유문화 말살정책이 시행되던 일제 시대 때 살아남았던 출판사는 한국 고유문화 발전 대신에 일본 고유문화 발전에 이바지할 수밖에 없었다. 출판의 첫째 목적이 자기 고유문화의 계승과 발전이고 다음 목적이 지식 전달, 여론 형성, 오락 제공 등이므로 1945년 광복은 한국 출판계와 한국 고유문화를 되살리는 계기가 되었다. 자유를 먹고 자라는 출판문화산업이기에 광복된 조국에서는 출판계가 우리 고유문화 계승과 발전에 크게 기여하였다.

1945년 광복으로 일제의 식민지 정책과 우리 고유문화 말살정책에서 벗어나고 우리의 말과 우리의 글인 한글을 되찾은 한국 출판계는 한글 서적 출판으로 고속 성장을 거듭했다. 잘 나가던 중, 두 개의 커다란 암초에 부딪쳤으니 하나는 1977년의 검인정교과서 발행 출판사 탄압사건이고 또 하나는 1997년의 IMF 경제 위기 사태였다.

우리나라의 1970년대는 출판사가 전자회사와 원양회사를 인수·합병할 정도로 출판사의 규모가 컸던 시절이다. 실제로 광명출판사, 장왕사, 법문사는 고려원양, 공양물산, 오양참치 회사를 인수했고, 사조사, 민중서관, 도서출판 양문사는 사조참치, 민성전자, 삼영전자 회사를 인수했다.

박정희 정권이 1972년 10월 17일 '10월 유신'을 선포했다. 이로 인해 1977년 유신정책의 반대자를 제거하는 일련의 과정에서 벌어졌던 '검인정교과서 발행 출판사 탄압 사건'은 특수수사대가 서대문에 출판사 사장들을 한 달가량 감금하고 117개 교과서 발행 출판사에 221억 원의 세금을 추징하고 검인정교과서 발행권을 불법으로 징발한 사건이었다. 1990년에 대법원에서 최종 승소할 때까지(1977~1990년) 14년간 한국을 대표하던 96개 대형 출판사가 문을 닫았고, 우리나라의 출판산업은 쇠퇴할 수밖에 없었다.

1990년 초까지 진통을 겪고 살아남은 명문 출판사들은 다시 우리나라 출판산업을 조금씩 착실하게 발전시키고 있었는데 이번에는 1997년의 국제통화기금(IMF) 경제 사태를 맞아 위기를 맞는다. 이런 사실은 통계 숫자로 증명된다. 대한출판

문화협회는 국립중앙도서관과 국회도서관 납본 업무를 대행하고 있으며 납본된 도서를 기준으로 매년 출판 통계를 집계하여 발표하는데, 우리나라의 출판산업은 아직도 완전히 회복하지 못하고 있다.

2014년에 발행된 신간의 종수는 4만 7,589종, 부수는 9,416만 5,930부, 종당 평균 발행부수는 1,979부로 나타났다.

책을 찾는 구매 독자층의 감소와 경기침체 등의 영향으로 책값은 매년 증가하고 있었다. 평균 정가는 1만 5,631원으로 전년(1만 4,678원) 대비 6.5%로 증가했다. 2014년도 전체 발행 종수(4만 7,589종) 가운데 번역서가 차지하는 비중은 21.8%(1만 396종)였다.

2014년에 대한출판문화협회를 거쳐 국립중앙도서관에 신간을 납본한 출판사는 전체 출판사의 6%인 2,895개사에 불과했다. 이 중에서 연간 11~20종을 발행한 곳은 386개사(13.3%)에 불과했고, 연간 5종 이하를 발행한 곳이 1,486개사로 절반이 넘었다. 대다수 출판사들이 개점휴업 상태인 셈이다.

책은 KDC(한국십진분류법) 방식으로 분류하는데, 한국십진분류법(Korean Decimal Classification)은 도서를 분류하여 이용자가 원하는 자료를 용이하게 찾을 수 있도록 공통된 주제나 같은 유형의 책을 체계적으로 분리·배열하는 것을 목적으로 한 분류법이다. KDC는 일정한 도서 분류표에 따라 개개의 도서에 대하여 그 내용을 정확하게 파악하고 분류 기호를 결정하는 방법을 사용한다. 이 방법은 근대적인 도서관의 도서 분류법으로서 최초로 고안된 듀이십진분류법(DDC, Dewey Decimal Classification)을 한국 실정에 맞게 수정한 것이다.

국내의 출판 통계는 듀이의 10종 분류(000~900)에다 국내 출판업에서 중요한 비중을 차지하는 아동도서와 학습참고서 두 항목을 추가하고 만화 항목을 별도로 분류하여 총 13종류로 구분하여 관련 통계치를 산출하고 있다.

그러나 국내 서점에서의 분류는 이와 다를 수 있다. 수학에 관한 학습참고서는 KDC의 자연과학 속의 '수학'으로 분류되지 않고 학습참고서로 분류가 되기 때문에 학습참고서류의 발행 추이에 대해서는 그 통계만 보아도 내용을 잘 알 수 있다.

[참고] 《출판개론》, 이기성 · 고경대, 서울엠
《한국출판 100년을 찾아서》, 고정일, 정음사

## 11

# 출판 과정과 한국 최초의 민간신문

판(版)을 출(出)해야 출판이 된다. 내용을 새긴 나무판이나, 금속활자를 조판한 납판(연판)이나, 컴퓨터 글틀(워드프로세서)로 작성한 원고 파일을 책으로 만들어 세상의 독자에게 내보내는 것이 출판이다. 저자의 머릿속에 있는 내용이나 저자의 공책에 적어 놓은 내용은 아직 책이 완성되지 않은 상태이다. 이런 내용물을 나무활자나 금속활자나 도자기활자나 컴퓨터활자로 조판하여 판을 만들어 인쇄를 하면 종이책이 완성된다. 파일로 만들어 디스크에 담거나 통신망에 올리면 전자책이 된다.

종이책이든 전자책이든 책은 만들어졌지만 이것으로 출판이 완료된 것은 아니다. 단지 판(版)이라는 책만 만들어진 것이다. 이 책을 독자가 읽을 수 있는 상태로 갖다 놓아야 출(出)

이 된다. 즉 책을 기획하고 책을 편집하고 책을 제작하는 것까지가 출판이 아니라 마케팅 단계를 거쳐야 출판이 완성되는 것이다. 책을 인쇄하고 책을 제책하여 창고에 쌓아 놓으면 아직 출판이 완료된 것이 아니고 책을 서점에 내보내야 출판이 완료되는 것이다.

아이디어나 생각, 사상, 정보를 판으로 만들어 독자가 볼 수 있게 세상으로 출하는 행위를 '판을 출하는' 출판이라 한다. 독자와 시청자가 보거나 들을 수 있는 형태의 판은 나무나 종이에다 만들 수도 있고 전자종이(disk)나 통신망(network)에다 만들 수도 있다.

독자나 시청자나 국민에게 저자/기자/권력자가 전하고 싶은 내용(줄거리)을 출판물이나 방송물로 제작하는 행위를 미디어 프로세싱(media processing)이라 하고 전통적인 용어로는 출판(publishing)이라 한다. 종이매체/프린트 미디어를 출판의 최종 결과물로 만들면 전통출판/종이출판이고 전자매체/ebook/network/방송 미디어를 출판의 최종 결과물로 만들면 전자출판/ebook출판이 된다.

종이책이나 전자책은 프린트 미디어이면서 출판 미디어/방송 미디어/통신 미디어/소셜 미디어가 될 수 있다. 책을 만드는 출판은 미디어 프로세스/콘텐츠 프로세스/콘텐츠 프로바이드라고도 하며, 종이미디어/전자미디어를 사용하여 도서/잡지/신문/방송물 등 내용을 담은 저작물을 제작하고 유통시키는 행위이다. 출판의 결과로 만들어지는 책은 독창적인 원고를 바탕으로 하는 창작물이다.

책(단행본, 교과서, 잡지, 신문)이라는 최종 결과물(최종 매체)은 일반적인 상품에 비해 각 개인의 신체적 편리성보다는 정신적인 면에서 개인의 인생 삶에, 또는 사회 변화나 역사 발전에 엄청난 영향을 미치기도 한다. 옷이나 스마트폰 같은 일반 상품은 보편적으로 대량 생산화가 이루어지지만 책은 크기와 모양이 같더라도 하나하나가 다 새롭고 분리된 생산물인바, 대량 생산이 어렵고 각각 별개 상품으로 기획/편집/제작/마케팅되는 것이다.

프린트 미디어로서의 책의 장점은 다음과 같다.
① 책은 생명이 길다(항구성).
② 책은 메시지의 전달범위가 가장 넓은 대중매체이다(대량 복제가 가능하기 때문).
③ 책은 그 내용상에서 완벽성과 상세성을 기할 수 있다. 다른 언론 매체에 비해 충분한 사전 조사와 연구를 통해, 더 깊고 자세하게 전문적인 내용을 다룰 수 있다.

④ 책은 내용상의 사상성, 진보성을 지니고 있다.

⑤ 독자의 선택권이 거의 무한할 정도로 열려 있다.

⑥ 독자가 원하면 얼마든지 쉽게 다시 볼 수 있다.

⑦ 종이책은 단가가 상대적으로 저렴하다는 점에서 라디오나 TV같이 초기 설비투자가 필요 없는 가장 서민적인 미디어라 할 수 있다.

⑧ 책은 이동성이 크며 간편하고 휴대가 용이한 매체이다.


조선 시대에 책은 발행자가 관청이면 관각본(官刻本), 절이면 사찰본(寺刹本), 민간이나 개인이면 사각본(私刻本)으로 분류했다. 민간 출판업자가 판매 목적으로 제작한 것은 방각본(坊刻本)이라 했는데, 최초의 방각본은 1576년 조선 선조 9년에 간행된《고사찰요(攷事撮要)》이다.

조선 시대의 신분 서열은 '사 → 농 → 공 → 상'이었는데 조선 후기에는 하층 구조인 상업이 크게 발달하고 방각본 출판이 성행했다. 근현대 출판은 1883년(고종 20년)에 박문국이 설립되면서 시작되었다. 박문국은 신문/잡지/서적의 편찬과 인쇄를 담당했고, 그해 1883년 10월 1일에 한국 최초의 근대 신문인 〈한성순보〉를 창간했다.

서재필이 중심이 되어 1896년 4월 독립협회의 기관지인 〈독립신문(獨立新聞)〉을 발간했는데, 한국 최초의 민간신문으로 한글판/영문판 겸용 조판 신문이다. 서재필은 4면 중 3면은 순국문, 1면은 영문으로 문장을 썼다. 서재필을 중심으로 발간했으나 그가 미국으로 망명한 뒤 아펜젤러를 발행인으로 하여 윤치호가 맡아 발행하다가 독립협회의 해산과 함께 폐간되었다. 독립신문의 본문은 순한글 세로쓰기로 되어 있고, 논설과 광고, 국내외 소식 보도면으로 구성되었다. 한글판은 서재필이 편집을 하였고, 영문판은 헐버트(Homer Bezaleel Hulbert)가 사실상의 편집자였다.

〈독립신문〉 창간호 사설을 보면 그 창간 목적이 구구절절 나타나 있다. "만일 백성이 정부 일을 자세히 알고, 정부에서 백성의 일을 자세히 아시면 피차에 유익한 일이 많이 있을 터이요. 우리가 이 신문 출판하기는 취리하려는 게 아닌 고로, 값을 헐하도록 하였고, 모두 언문으로 쓰기는 남녀 상하 귀천이 모두 보게 함이요. 또 구절을 떼여 쓰기는 알아보기 쉽도록 함이라."

1880년대 이후 민영 출판사가 많이 생겨났다. 1907년 육당 최남선이 세운 신문관은 1908년 한국 최초의 잡지 〈소년〉을 창간하고, 가톨릭출판사는 1888년 서울 정동에서 교리서를 펴냈다. 북감리교 선교회는 1888년 삼문출판사를 설립하고 영국 성공회 선교회는 1890년 서울에 인쇄기를 도입했다. 아펜젤러는 1889년 배재학당에 인쇄부를 설치, 한글 활자와 영문 활자를 주조하여 성서를 인쇄했다. 주간 〈그리스도인 회보〉를 발간하고, 서재필이 망명하자 이어서 〈독립신문〉을 발행했다.

[출처] 《출판개론》, 이기성 · 고경대, 서울엠
위키백과, 독립신문, 1896년 4월 7일
21세기 정치학대사전, 정치학대사전 편찬위원회, 2010. 1. 5, 한국사전연구사

# 생각주머니에서 아이디어가 나온다

평소에 책을 많이 읽어서 생각주머니를 키워 놓으면 창의적인 아이디어가 어렵지 않게 나올 것이다.

동양에서는 장자가 짧은 글을 잘 썼고, 서양에서는 이솝이 짧은 글을 잘 썼다. 일본에서는 하이쿠라는 신소설 형태가 유행한다. 요즘 독자들은 긴 소설보다는 짧은 소설을 즐겨 읽는 경향이 있다. 대학 교수 출신 원로 화가인 김의규 화백이 몇 해 전에 화가와 문필가들이 모여 인터넷에서 짧은 글을 쓰는 동아리를 만들었다. A4 용지 1장 분량의 글을 minifiction. com의 게시판에 올리는 것이다.

순수예술에 비해 상업예술·응용예술·대중예술·Pop art, 순수음악에 비해 대중음악·Pop music, 순수미술에 비해 응용미술, 순수문학에 비해서는 대중문학·Mini문학이라고나 할까. 하여튼 짧은 글인데도 방문객이 많다.

김 화백은 화가답게 글로 만족하지 않고 그림을 추가했다. 자기 글에다 그림이나 사진을 추가한다. 가끔 학생들에게 부탁해서 플래시로 동영상을 만들어 게시판에 추가하기도 한다.

자기 글이나 남의 글이나 상관없이 댓글 형식으로 글을 추가하거나, 아니면 그림이나 동영상을 추가하고 무드 나는 음악을 추가하기도 한다. 당연히 미니픽션 게시판을 읽는 독자가 늘어난다. 이런 걸 릴레이 소설(relay fiction)이라고 한다나. 문자에다 시각 이미지에다 청각 효과까지 더했으니 바로 멀티미디어 전자책이 된다.

종이책만 책이라고 생각하던 시기는 이미 수십 년 전이고 지금은 종이책과 전자책이 둘 다 출판되어 팔리고 있다. 미니픽션의 글들은 이미 몇 권의 책으로 출판되었고, 그중의 한 권은 영어로 번역되어 미국의 한 대학에서 교재로 사용되고 있단다. 미니픽션 게시판 글 중에서 아동용 글은 그림(정지 영상)과 동영상이 합쳐진 전자 동화책으로 출판하기로 계약이 되었다.

같은 시대에서도 잘되는 가게와 잘 안 되는 가게가 공존한다. IMF 이후 계속 출판계가 어렵다고 울상인 출판사가 있는가 하면, 너무나 돈이 잘 벌려서 흑자 사실을 외부에 극비로 하고 있는 출판사도 있다.

주로 종이책만 출판하는 곳은 경기가 좋지 않다고들 하나, 종이책과 전자책을 함께 출판하는 곳은 돈을 많이 벌고 있는 곳이 적지 않다. 불황이라 출판이 안 된다, 물가가 올라서 장사가 안 된다, IMF라 책이 안 팔린다고 했을 때, 돈을 많이 번 출판사도 있었다. '불황을 탈출하는 법', '고물가 시대를 이겨 나가는 길', 'IMF 탈출 방법', 'IMF 시대의 기업 경영' 등 출판 기획자의 능력에 따라 소문 없이 베스트셀러를 기록한 책들도 있었다.

고물가 시대니, 고유가 시대니, 인플레이션이니, 스태그플레이션이니 하면서 살기 어렵다고만 하지 말고 생각을 다른 방향으로 돌려보면 새로운 길이 보일 수 있다. 독창적이고 창의적인 아이디어는 자기 머릿속의 생각주머니에서 나온다. 평소에 책을 많이 읽어서 생각주머니를 키워 놓으면 창의적인 아이디어가 어렵지 않게 나올 것이다.

책이라면 종이책, 소설책이라면 두꺼운 소설책만 생각하지 말고, 음악과 움직이는 영상이 포함되는 전자책도 생각하고, A4 크기 1장짜리 짧은 분량의 미니 소설과 릴레이 소설도 생각하는 센스를 갖는 것이 어떨까?

## 13

# 어느 것이 신형이고, 어느 것이 구형인가?

 

이라크에 파병하느냐 안 하느냐 하는 시대 이전에는, 월남 전에 파병하느냐 안 하느냐 하는 시대가 있었다. 단지 1960 년대는 월남전 파병 반대 이야기를 하면 잡혀가는 시대였다 는 것이 다르다. 빽이 있어야 배치를 받는다는 빽관구(6관구) 에 육군 소위가 '부동산과 보좌관'으로 부임했다. 첫날부터 기안 문서를 작성한다. 부동산 과장한테 결재를 받는 중인데 재떨이가 날아온다. 얼른 옆으로 피하고 보니, "이게 뭐야, 대학 나온 게 파운다리도 몰라? 고쳐!"라고 하면서 결재 서류 를 집어던진다. 부동산 과장은 고졸 출신의 대위. 부대 경계 선 근처의 밭을 민간인에게 소작을 놓는데, 부대 경계를 '파 운다리'라고 쓰라는 것이다. '파운다리가 뭐냐'고 묻자 경계 선이라는 것이다.

"아, 바운다리요?"

"아니, 파운다리라니까!"

현재 우리나라에 등록된 출판사 수는 5만여 개이다. 이 중에서 1,000개 출판사 안에만 들면 월급을 밀리지 않고 제때에 확실히 받을 수 있다. 출판기획이나 출판편집이나 출판제작(출판디자인)이나 출판마케팅을 제대로 배우려면 100대 출판사에서 출판 일을 배워야 한다. 아니면 출판 관련 대학원에서 배우든가 해야 한다. 그렇지 않으면 실패하는 출판법을 배우기 쉽다.

바둑 3급에게 10년 배우면 최고 3급이고, 바둑 5단에게 10년 배우면 최고 5단이 될 수 있다. 망하는 출판사만 10년 동안 돌아다니며 배우면 망하는 출판디자인을 배우고, 잘나가는 100대 출판사 중에서 배우면 성공하는 출판디자인을 배울 수 있다.

군대나, 망하는 출판사나, 잘나가는 출판사나, 10년 동안 열심히 일하기는 마찬가지였을 것이다. 그러나 10년 후 본인이 얻는 결과는 엄청난 차이가 생기는 것이다. 경계(boundary)를 '파운다리'라고 우기는 것이나, '본문과 표지'로 구성된 책을 크리스마스카드처럼 '표지와 내지'로 구성되었다고 우기는 것은 선생님을 잘못 만난 탓일 것이다.

아날로그는 구식이고 디지털은 신식이라고 배웠다고, 디지털 방식인 20만 원짜리 탁상용 플랫 베드 스캐너가 5,000만 원짜리 아날로그 방식의 드럼 스캐너보다 더 좋다고 우기는 학생도 선생님을 잘못 만났을 것이다.

플랫 베드 스캐너나 드럼 스캐너나 다같이 300dpi 해상도로 스캔 받는데 뭐가 다르냐고 하면서 포토샵으로 수정을 잘하면 5,000만 원짜리로 스캔 받은 것과 같은 품질이 나온다고 주장을 한다.

아무리 화장을 잘하는 분장사라 하더라도 150cm의 키를 170cm의 키로 바꿀 수는 없다. 최초 입력 자료의 품질이 좋아야 결과의 품질이 좋아질 수 있는 것이다. 농도의 입력을 1%, 2%, 3%와 같이 1% 수치 단계로 구분하는 것이 디지털이라면, 고급 스캐너인 드럼 스캐너는 0.01%, 0.02%, 0.03% 이런 식으로 1% 디지털 단계를 100개 이상으로 더 세분하여 연속적으로 입력받을 수 있는 것이 아날로그 드럼 방식인 것이다.

쉽게 비교한다면 음악 CD의 디지털 음질이 깨끗하고 훌륭하지만, 더 좋은 품질을 찾을 때는 진공관 앰프를 사용한 아날로그 음질을 최고로 치는 것과 같다.

디지털이 신형이라고 무조건 더 좋다고 우기는 것은 공부가 짧은 탓일 것이다. 겸손하게 자기를 반성하고, 성실하게 공부하는 사람이 되도록 노력해야 성공할 것이다.

## 14

# 소셜 네트워크와 집단지성의 시대

지금 우리는 산업혁명 때에는 없었던 대형 컴퓨터, 미니컴퓨터, 마이크로컴퓨터, 개인용 컴퓨터가 등장하고 굴뚝산업 회사의 브랜드가 아닌 IBM, Microsoft, Apple, Intel이라는 회사의 브랜드가 세계적으로 명성을 날리는 격변의 시대를 지내고 있다. 미국의 IBM PC 회사는 중국으로 팔려갔고, 애플 컴퓨터 브랜드 명성은 컴퓨터보다는 스마트폰인 아이폰으로 바뀌고 있다.

컴퓨터가 인쇄, 출판에 도입되고 1975년에 헨리 에드워드 로버츠 박사가 개인용 컴퓨터 알테어8800을 발명했다. 1975년 4월, 폴 앨런과 빌 게이츠가 알테어8800의 소프트웨어를 제작하기 위해 마이크로소프트 회사를 설립해서 지금 갑부가 되어 있지만, 정작 에드워드 로버츠는 1970년대 후반에 컴퓨터 제작회사(MITS)를 팔고 의과대학으로 진학해서 미국 조지아에서 의사 생활을 하다가 2010년 4월에 68세의 일기로 세상을 떠났다.

컴퓨터 사용을 키보드보다 편리하게 하는 컴퓨터 마우스는 '더글라스 엔젤버트(Douglas C. Engelbart)'가 1963년에 2바퀴식을 처음 발명했고 현재 같은 형태의 볼마우스는 1972년에 개발되었다. 지금의 광마우스는 1980년에 발명되었으나 상용화되는 데 많은 시간이 걸렸다. 더글라스 엔젤버트는 어떤 로열티도 받지 않은 것으로 존경받고 있다.

이제 전자출판은 점차 확대되고 있다. 제작과정의 전산화(CTS, DTP, 프린터, 디지털인쇄기), 편집과정의 전산화(WP, DTP), 기획과정의 전산화(개방형 혁신 시스템, 집단지성 플랫폼 시스템을 통한 원고 생산)가 이뤄지고 있다. 온라인 플랫폼을 활용하여 독자와 미리 소통하는 출판 방식은 원고작성(기획) 과정의 전산화에 속한다.

유플러스연구소 정세일 연구위원이 〈프린팅코리아〉 2015년 3월호에 기고한 글에서 다음 사례를 소개하였다.

영국 앤드아더스토리 출판사는 개방형 혁신 시스템(2010년)을 도입했다. 번역가, 교수, 독자를 외부 토론그룹으로 만들어 출판과정에 참여시켜 다양한 콘텐츠를 발굴한다.

아마존의 라이트온(Write On)의 집단지성 플랫폼 시스템(2014년)은 저술가가 출판을 목표로 원고를 집필하는 중에 라이트온 플랫폼에 게시하여 플랫폼 회원인 독자가 이 원고를 읽어보고 의견 및 아이디어를 제시하면 독자의 의견을 원고에 반영하여 전자책을 출판하는 시스템이다.

킨들 스카우트(Scout)의 집단지성 플랫폼 시스템은 아마존 킨들 회원이면 원고에 대한 보완 아이디어 및 의견서 평가를 제시할 수 있으며, 의견을 제시한 회원 독자에게 킨들 버전의 전자책을 무료로 제공한다. 원고를 게재한 저술가는 전자책 출판이 결정되면 로열티의 50% 정도를 선지급하고 종이책 및 오디오책의 출판권도 제공한다.

우리나라에서도 삼성전자는 2014년부터 사내 집단지성 시스템인 '모자이크(MOSAIC)'를 통해 창조적인 아이디어를 모으고 있다. 모자이크는 임직원들의 창의적 아이디어 제안을 활성화하고 집단 지성을 통해 아이디어가 창조적 성과로 이어지게 하는 시스템이다.

2000년대 중반부터 소셜 네트워크와 집단지성을 활용한 다양한 비즈니스 플랫폼들이 대거 등장하여 성공을 거두고 있는데 아이디어 플랫폼 모델 '쿼키(Quirky)', 사업역량 육성형 모델 'Y콤비네이터', 문제해결형 모델 '이노센티브(Innocentive)', '나인시그마(Ninesigma)', '유어앙코르(yourencore)', 아이디어 구현형 모델인 '테크샵(Techshop)' 등 다양한 모델들이 탄생되고 있다.

## 15

# 출판은 인격에서 시작된다

인간이 예절을 지킨다는 것은 동물보다 우월하다는 것이다. 예의바른 사람과 버릇없는 사람은 다른 점이 있다. 대표적인 예의로 '인사하기'가 있다. 인사 잘하는 사람은 인상도 좋고 칭찬을 받는다. 예의바르고 점잖고(젊지 않고) 잘 웃으면 좋은 사람이라고 한다. 인격이 높다고 한다. 사람의 인격은 그 사람의 여러 행동에서 꾸준하게 일정하게 나타난다.

맛있는 반찬을 양보한다든가, 지하철에서 자리를 양보한다든가, 인사를 잘한다든가, 금연구역을 잘 지킨다든가, 꾸준히 한결같이 칭찬받을 일을 하는 사람은 인격이 높다고 한다. 격이 높은 사람은 변함없이 꾸준히 예의바른 행동을 한다.

반면에 남을 모함하기 좋아하거나 인사를 잘 안 하거나 거짓말을 잘하는 사람은 한결같이 욕먹을 짓을 하는데, 이 경우

인격이 낮다고 한다. 꾸준히 계속해서 예의를 안 지키고 건방을 떨고 진실하지 못한 인간이 낮은 격을 가진 사람이다.

출판에서도 출판인의 인격이 출판물의 품격을 좌우한다.

물론 책을 만들거나 작품을 만들거나 디자인을 할 때에는 아이디어 발상이 중요하다. 남의 것을 모방하지 않고 자기 자신의 독창적인 아이디어를 내야 한다. 창의적인 아이디어를 내기 위해서는 이미 세상에 나온 관련 제품에 관해 알고 있어야 한다. 기존 제품을 흉내 내면 안 된다. 기존 제품을 모르고 어떻게 새로운 제품의 아이디어가 나오겠는가! 아동용 책을 기획한다든가 아동용 모자를 디자인한다면 먼저 이미 시장에 나온 책을 알아보거나 아동용 모자에 관해 연구부터 해야 한다.

그런데 사실은 이런 정보보다 더 중요한 것이 있다. 출판기획자나 디자이너의 인격이 문제인 것이다. 인격이 높아야 긍정적인 훌륭한 아이디어가 나올 수 있다. 인격이 낮으면 아무리 학식이 높다고 해도 어느 수준 이상의 훌륭한 아이디어가 나오기 힘들다.

어떤 저자, 어떤 디자이너의 책이나 제품이 더 많이 팔린다는 것은 은연중에 그 사람의 '격'이 그 제품에 포함되어 있기 때문일 것이다.

'격'과 비슷한 것에 '물'이 있다. 개천물이냐 강물이냐 바닷물이냐와 같이 노는 물이 다르거나, 썩은 물이냐 맑은 물이냐 1급수냐 2급수냐와 같이 수질에 따라 사는 고기가 다르다. 같은 게라도 민물게와 바닷게가, 같은 장어라도 민물장어와 바닷장어가, 같은 광어라도 자연산과 인공양식된 것에 따라 다르다.

같은 게, 같은 장어, 같은 광어라도 먹이를 먹는 행동이나 좋아하는 물의 깊이, 적정 수온이 다르듯이 같은 작품이라도 그 출신성분이나 환경에 따라 표현되는 것이 다를 수 있다.

눈에 직접 보이는 글자나 이미지뿐만 아니라 그 제품에서 느껴지는, 그 저자의 정신이나 철학이 완성된 책이나 작품에 반영되는 것이다.

특히 디자인에서 작가의 인격이 강조되는 것은 디자인이 어떤 물체에 작가의 정신을 부여하는 것이라고도 볼 수 있기 때문이다.

# 숫자 표기를 만 단위로 사용하자

영어 쓰는 나라가 과학이 앞선 건 사실이지만 문화는 동양이 더 앞섰다. 그 중에서도 숫자는 우리나라가 서양보다 훨씬 앞섰다. 서양에서는 일/십/백/천으로 세지만, 우리는 일/십/백/천/만으로 10배 더 많이 셀 수 있다. 그런데 삼십 년 전엔가 어쩐 일인지 누군가가 네 자리마다 찍던 쉼표(자리표)를, 강제로 세 자리마다 찍도록 바꿔서, 우리나라 사람은 숫자 읽기가 아주 어렵게 됐다. 어찌 이런 일이.

버터를 매일 먹는 어떤 한국 사람들은 글로벌 시대에서는 국제간에 통용되는 것을 따라야 국제 고아가 안 된다고 열변을 토한다. 마치 일본식을 따라야 한다고 외치던 이완용처럼, 그러려면 한글도 영문자로 바꾸고, 한국인 얼굴도 서양사람 얼굴로 성형수술하고, 밥 대신 빵을 먹고, 완전히 국제화를 할 것이지, 왜 숫자만 읽기 곤란하게 만드는지 원 참. 다행히도 한글맞춤법이 개정되면서 숫자를 쓸 때 만 단위로 하라는 것이 나왔다는데, 어쩐 일인지 아직도 우리나라 신문에서조차 '단위 : 천명'이라고 표를 만든 것이 눈에 많이 띈다.

'단위 : 만명'이라고 된 표는 '100'을 보면 '아, 100만이구나, 10을 보면 10만이구나'라고 금방 알 수 있다. 근데 '단위 : 천명'이라고 된 표를 보면 '100이면 100천이니까 10만이구나, 10이면 10천이니까 만이구나'라고 한참 생각한 후에야 겨우 알 수 있다.

# 제2장

# 출판과 디자인

## 01

# 출판디자이너와 데코레이터

　출판은 독창성을 아주 중요시하며, 이 독창적인 출판물을 저작권법으로 보호하고 있다. 독창성에 대해서는 톨스토이가 좋은 말을 했다.

　"미술의 생명과 영혼은 창조이다. 수업 후에도 어떠한 것도 창조하지 못한다면 앞으로 그 자신의 작업 세계는 영원히 모방과 표절에 의지할 수밖에 없다."

　출판물의 내용이 독창적(창의적)인지 아니면 표절이나 모방인지를 판단하려면 편집자나 지적디자이너의 능력이 요구된다. 출판디자인에서는 지적디자인과 미적디자인을 둘 다 요구하는 것이다. 출판물(책)의 내용(본문)은 저자가 독자에게 전달하는 것이며 이의 꾸밈(장식)에서는 지적디자인의 비중이 더 중요하다.

반면에 출판물의 부속인 표지, 면지, 속그림(화보)은 출판디자인 오퍼레이터나 그래픽디자이너가 주로 취급하는 미적디자인의 비중이 더 클 것이다.

본문과 부속을 전부 디자인하는 사람은 지적디자인과 미적디자인을 모두 처리할 능력이 있는 편집자나 출판디자이너이다.

국내 디자인 전시회에 가 보면 '장물디자인 전시회'를 하는 곳과 '독창적인 디자인 전시회'를 하는 곳이 구별된다. 눈에 보이는 상품을 훔치면 범죄 행위인 줄 알지만, 눈에 보이지 않는 독창성(지적재산)을 훔치는 것은 범죄 행위가 아니라고 생각하는 사람이 많아서 남의 작품의 아이디어를 훔치거나 표절하여 장물의 디자인 전시회를 열 수 있었을 것이다.

출판디자인의 3요소는 독창성, 실용성, 아름다움이다. 일반적으로 지적디자인에서 독창성과 실용성을 담당하고 미적디자인에서 아름다움을 담당한다. 독창성과 실용성보다 미려도를 우선으로 생각하거나 미려도만 생각하여 디자인하는 사람은 출판디자이너로서 자질이 부족한 사람이다.

먼저 책을 만들고 그 책을 아름답게 꾸미는 것이 출판디자인인데, 아름답게 꾸미고자 책의 본질인 본문 내용을 훼손하는 사람이라면, 이런 사람은 이미 출판디자이너의 자격을 상실한 것이다.

인간의 신체를 교육시키는 의학이 4년으로 부족하다 하여 6년간 공부하듯이, 인간의 정신을 교육시키는 출판학도 6년간 공부하는 것이 당연하다고 중국학자들은 주장한다. 일반 4년제 학과를 졸업하고 다시 출판학과에 편입하여 2년간 더 공부하는 것이 정상이라는 것이다. 아니면 출판대학원에서 2년간 공부를 더 해야 출판편집이나 출판디자인 등 출판 관련 분야에서 제대로 일을 할 능력이 생긴다는 것이다.

최근 10년 이상의 경력 디자이너 모임에서 다음 이야기를 듣고 깜짝 놀랐다. "외국의 최신 경향(트렌드)이 어쩌고 하면서 모방과 표절을 일삼는 것은 데코레이팅을 하는 것이지 디자인을 하는 사람이 취할 자세가 아니다. 데코레이터는 미적 디자인으로 만족하지만, 진실한 디자이너는 지적디자인 능력을 갖추어야만 하는 것이다."

출판디자인만 그런 줄 알았었는데 일반 디자인에서도 지적 디자인 능력을 요구한다는 사실은 충격이었다.

# 디자인 트렌드와 독창성

뚱보강사는 커피보다는 녹차를 즐겨 마신다. 스타벅스니 후에버니 하는 커피 체인점에서 허브차를 마시는 것이 요새 유행이고 추세라 해서 미제 카모마일 차를 마시러 갔다. 향이 좋았다. 조금 있다가 몸이 따뜻해지는 듯하더니 머리가 아파오고 짜증이 나기 시작한다. 카모마일 차는 감기 걸렸을 때나 몸이 냉한 체질의 사람에게 좋은 차이다. 트렌드를 따르다 보니 부작용이 난 것이다. 뚱보강사는 몸이 따뜻한 체질이라 우전녹차나 무한이창녹차가 몸에 맞다. 뚱보강사는 중국 황제가 마셨다는 300만 원짜리 최고급 보이차(푸얼차)도 자주 마시면 머리가 아프다.

독자가 속한 사회나 국가의 문화도 사람의 체질과 마찬가지로 국가마다 다를 수 있다. 출판디자인도 마찬가지이다. 그

책의 독자가 속한 문화에 맞는 디자인을 해야 하지, 외국의 트렌드에 따라서 디자인을 하면 독자가 속한 문화가 외국과 달라서 부작용이 나기 쉽다.

외국에서 출판학을 공부하고 돌아왔다 하더라도 출판디자이너나 출판편집자는 반드시 그 독자가 속한 나라의 출판사에서 다년간 실무 경력을 쌓을 필요가 있다. 어떤 민족의 미풍양속이 다른 민족에게는 나쁜 행동이 될 수도 있기 때문이고, 문화마다 가치관이 다를 수 있기 때문이다.

중국 길림예술학원의 왕효명 교수는 국제 교류를 하는 이유에 대하여 "첫째, 외국의 경험에서 영감을 얻고, 둘째, 그럼으로써 자신만의 생각이 있는 독창적인 교육 체계를 수립하기 위함이다"라고 했다.

같은 출판 광고라도 독자의 이목을 끄는 포스터가 있고, 이목을 끄는 것은 물론 독자에게 감동도 주는 포스터가 있다. 가슴이 뭉클한 감동을 주는 광고 포스터, 이것이야말로 출판사에서 요구하는 디자인을 만족하는 포스터이다. 고객 감동 마케팅과 같은 맥락이다.

미적가치는 사람마다 다르다. 독자의 미적가치와 디자이너의 미적가치가 다를 수밖에 없지만, 디자이너는 구매자인 독자의 미적가치에 근접하도록 노력을 해야 한다. 미적가치는 개개인뿐만 아니라 민족마다도 공통점과 다른 점이 있는 것이 정상이다.

　이대 김영기 교수의 책에 이런 이야기가 있다. 암놈 진돗개가 암놈 세파트(German Shepherd Dog)를 보고 멋있다고 흉내를 낸다. 화장도 세파트를 따라 하고, 먹는 것도 세파트가 먹는 것을 먹고, 걷는 것도 세파트가 걷는 흉내를 내어 걸었다. 열심히 따라서 하다가 어느덧 자신이 진돗개라는 사실을 잊고서 수놈 세파트에게 구애를 했다가 바람을 맞았다는 이야기이다.

　진돗개로서 멋있는 개가 될 생각을 해야지, 진돗개가 근사한 세파트가 되려는 욕망 자체가 잘못 시작된 것이다. 종자가 다른 것을 잊고 따라서 행동하는 것은 불가능한 일이다. 콩을 심으면 건강한 콩이 나오기를 기대해야지, 아무리 좋은 토양에다 심고 좋은 비료를 많이 주었다 해도 콩을 심었는데 팥이 나올 수는 없는 일이다. 멋있다고 머리카락을 염색하고, 멋있다고 코를 높이고, 멋있다고 눈을 찢는다고, 한국말 대신 영어를 사용한다고 한국인이 미국인이 되는 것은 아니다.

　종자는 성형 수술로 바꿀 수 없다. 콩을 팥으로, 진돗개를 세파트로 종자 자체를 고칠 수는 없다. 단지 콩이나 진돗개의 훌륭한 종자를 키워낼 수는 있어도.

그러므로 한국인은 한국인다운 아름다움을, 미국인은 미국인다운 아름다움을, 일본인은 일본인다운 아름다움을 추구해야 할 것이다. 'OO답다'라는 말에는 이미 여러 사람이 OO에 대하여 공통으로 인식하고 있는 의미가 있다는 전제가 있다. 진돗개는 진돗개다워야 하고, 세파트는 세파트다워야 하고, 한국 사람은 한국인다워야, 미국 사람은 미국인다워야 정상이다.

출판인은 외국의 유행(경향, 트렌드)을 흉내 내기보다는 자기네 문화에 바탕을 두고 책을 만들어야 한다. 한국 출판인은 한국 독자를 위하는 정신에서, 미국 출판인은 미국 독자를 위하는 정신으로, 일본 출판인은 일본 독자를 사랑하는 마음으로 책을 만들어야 한다. 각 나라의 독자는 각기 해독하는 문자(한글, 영어, 일본글)가 다르고, 고유문화가 다르기 때문이다.

디자인도 그 독자가 속한 문화의 바탕 위에서 나와야 한다. 한국 디자인은 한국 문화의 바탕에서, 독일 디자인은 독일 문화의 바탕에서, 미국 디자인은 미국 문화의 바탕에서 나와야 성숙하고 잘 익은 디자인이 나올 확률이 높다.

# 03

# 오만한 디자이너와 겸손한 디자이너

새벽에 산중턱의 절에 도착하여 큰절을 100번째 하면서 투덜거린다.

"더럽게 재고 있네. 그냥 인터뷰 좀 해주지. 꼭 이렇게 3000번씩 큰절을 해야만 만나주다니."

잘나가는 잡지사의 기자는 그 스님이 원망스럽다.

사실, 뚱보강사도 3000번 절을 하지 못한다. 좌식 변기가 없는 화장실에서는 반 죽는다. 원래 두터운 허벅지 때문에 쪼그려 앉기나 무릎 꿇고 앉기는 할 수가 없다. 뚱뚱한 몸으로 큰절을 3000번을 한다는 것은 정말 고역이다.

뚱보강사는 예측하지 못한 인연으로 숨쉬기 운동(복식호흡, 단전호흡)을 오랫동안 계속한 덕에 몸 안에 흐르는 기운

(기, energy)을 느낄 수 있게 되었다. 큰절(세뱃절)을 하면 할 수록 숨은 가빠지지만 몸 안의 기는 점점 더 원활하게 돌아가며, 내 몸 안의 나쁜 곳이 스스로 고쳐지는 것을 알게 되었다. 500번째 큰절을 하고 나자 이제는 거의 비몽사몽 상태로 절을 하게 된다. 옆에서 차 한잔 마시고, 잠시 쉬고 계속하라고 권한다. 1000번이 넘어가자 아프던 허벅지가 감각이 없다. 자동으로 굽혔다 펴졌다 한다.

"아, 내 몸의 안 좋은 곳을 고쳐주려고, 큰절을 3000번 하라는 것이구나!"

인터뷰를 거절하려고 그런 것이 아니라, 찾아온 사람을 위하여 절을 시켰던 것이다.


직접 절을 수백 번 이상 해본 경험이 없었다면, 술자리에서 "그 스님, 너무하는 거 아냐?"라고 누가 그랬다면, "맞아, 너무 오만해"라고 동조했을 것이다. 자기는 잘나가는 프로 운동선수라고 자타가 공인한다고 오만한 사람이 있다. 이승엽은 훌륭한 야구선수이다. 손연재는 유명한 체조선수이다. 박세리는 유명한 골프선수이다. 이들이 실력이 뛰어난 운동선수라는 데 반대하는 사람은 없을 것이다. 그러나 김연아 선수가 같은 운동이라도, 빙상 스케이트가 아닌 야구에서도 뛰어날 수 있을까?

　나는 유능한 출판디자이너이다. 그러니 가구디자인도 내가 최고다. 나는 유능한 그래픽디자이너이다. 그러니 제품디자인도 내가 최고다. 이런 생각은 문제가 있다. 물론, 그럴 수도 있다. 그러나 같은 디자인 분야라고 자기가 최고인 양 행동하는 것은 오만일 수 있다. 유명한 축구선수가 같은 운동이라고 탁구도 최고로 잘한다는 보장은 없는 것이다. 유명한 출판디자이너라도 자동차 디자인 분야에서는 디자이너가 못 되는 자동차 디자인 오퍼레이터가 될 수 있고, 유명한 그래픽디자이너라도 출판디자인 분야에서는 출판디자인 오퍼레이터가 될 수 있는 것이다.

　유능할수록 겸손해야 한다. 자기가 잘 아는 것은 어느 한 분야에만 국한되는 것이다. 다른 분야, 남의 처지를 함부로 비판하는 것은 위험한 일이다. 항상 솔직하고, 겸손한 마음으로 타 분야의 학문을 연구하는 자세가 필요하다.

04

# 출판디자인과 그래픽디자인의 차이

사람의 머릿속 생각을 남에게 알릴 수 있도록 표현하여 여러 사람에게 알리는 것이 출판이다. 글자로 치면 머릿속 글자(글자, 이미지, 생각)와 외부용 글자(활자로 인쇄한 글자)처럼 머릿속의 것과 머리 바깥 외부의 것은 다를 수 있다. 머릿속 생각을 글자로 표현하면 시, 소설, 수필, 논문 등 글이 되며, 도형이나 명암, 원근 등으로 표현하면 한국화, 수묵화, 수채화 등 그림이 되고, '도레미파'나 '궁상각치우'로 표현하면 음악의 악보가 된다고 말할 수 있다.

일반인들은 출판디자인학과라고 하면 책표지의 디자인을 연구하는 곳으로 생각한다. 물론 책표지도 디자인하지만, 책 전체에 대한 디자인을 연구한다. 책의 가장 중요한 부분인 내용(콘텐츠)을 담는 본문의 본문 디자인이 첫째이고, 그 부속물인 책의 면지, 속표지, 겉표지, 띠지를 디자인한다.

출판물에는 종이책과 전자책이 있다. 전자책에는 멀티미디어를 담는 디스크책과 인터넷을 이용하는 화면책이 있다. 출판디자인학과에서는 종이책 출판디자인과 디스크책 출판디자인, 화면책 출판디자인의 세 가지를 전부 공부한다.

출판물의 형태가 종이이건, 디스크이건, 통신망화면이건 그 내용과 성격에 따라서 출판물은 단행본, 교과서, 잡지, 신문으로 구분된다.

출판디자인학과에서는 단행본 디자인, 교과서 디자인, 잡지 디자인, 신문 디자인을 모두 연구한다.

출판디자인은 출판물에 예술성을 부여하여 상품 가치를 높여주는 고급 문화산업이다. 출판디자인(Publication Design)은 편집디자인(Editorial Design)과 달리 출판의 단계인 기획, 편집, 제작, 마케팅의 4단계를 모두 총괄한다. 1980년 초 포드자동차의 도날드 피터슨 사장이 주장한 디자인 마케팅 전략은 출판디자인에서는 출판 마케팅 단계에서 이미 응용되고 있었다.

출판디자인은 첫째, 출판물의 기능성(효용성)을 중시하고, 둘째, 출판물의 심미성을 중시하고, 셋째, 출력 매체의 경제성을 중시한다. 이는 필립 스타크가 주장하는 심미성, 경제성, 실용성과도 상통한다. 특히 출력 매체의 재료가 종이에서 디스크, 통신망으로 다양화되고 있는 시점에서 능력 있는 출판디자이너의 배출이 우리나라의 출판계와 인쇄계에 꼭 필요한 일이다.

　출판디자인은 본문이 49쪽 이상인 책을 디자인한다. 간단한 디자인 콘셉트가 아니다. 책(출판물)은 반드시 내용(콘텐츠)이 있고 이 내용이 정보이건 학습교재이건 오락물이건 여론 형성용이건 대량의 독자에게 전달된다.

　책은 본문 디자인(body text design, context design)이 가장 중요하다. 이 본문 내용을 요약하여 잘 나타낸 표지 디자인이나 면지, 속표지, 속그림의 디자인은 책의 부속물 디자인으로 가치가 있다.

　그래픽디자인은 출판물의 일부인 소책자 출판물(small printed matters)을 주로 디자인한다. 카드, 팸플릿, 간판, 로고, 명함, 카탈로그 등이 소책자 출판물이다. 이들은 일반 책과 달리 본문과 부속물로 나누지 않고, 표지와 내지 또는 겉지와 속지로 나눈다. 크리스마스카드는 표지가 더 중요하지 내지가 그리 중요하지 않다. 그러나 책은 본문 내용이 책의 생명이다.

출판디자인은 저작권이 중요하여 독창성, 실용성, 미려도의 순서로 강조하지만, 그래픽디자인은 미려도가 우선이다. 출판디자인은 기획, 편집 단계에서부터 참여하지만, 그래픽디자인은 기획이나 편집에서 정해 준 콘셉트를 받아 디자인한다.

출판디자인은 운문, 정서, 내용의 첨부·삭제, 제목 달기, 내용의 비중과 우선순위 정하기 등 지적디자인과 조판, 타이포그래피(행간·자간, 서체, 글자 크기, 색…) 등 미적디자인의 두 가지를 다 취급하나 그래픽디자인은 미적디자인을 위주로 디자인한다.

현재 우리나라 출판계를 보면 출판디자인은 주로 편집자가 맡고 있고, 미적디자인은 편집자가 지정한 콘셉트에 따라 정해진 디자인 업무를 담당하는 그래픽디자이너가 맡고 있다.

책표지 디자인도 책의 내용을 완전히 이해하고 이 내용과 저자의 철학을 시각화하여 디자인하는 출판디자이너는 드물고 내용을 완전히 이해하는 편집자가 콘셉트를 지시하여 그래픽디자이너가 표지 디자인을 하는 경우가 많다.

# 05

## 원고지정과 타이포그래피

몇 해 전에 인쇄출판경영자 세미나에서 '인쇄문화 산업의 발전전략'이라는 연제로 특강을 한 적이 있다. 약 400명의 인쇄 관련업계 경영자에게 질문을 던졌다.

"타이포그래피가 무엇인지 아시는 분?"

조용하다.

"원고지정이나 와리쓰께를 아시는 분?"

얼굴에 미소를 지으면서 몇몇 분이 손을 든다.

우리나라 출판업계, 조판업계, 인쇄업계에서 '원고지정(할부)'이라고 사용되어 오던 용어가 디자인업계가 활성화되면서 '타이포그래피(문자디자인)'라는 용어로 바뀌어 사용되고 있다.

국판 교과서의 크기를 148mm×210mm나 A5판이라고 부르는 세대와 효미 시야게* 사이즈(정확한 재단 크기)는 용승규부에 록승규부(4.9'×6.9')로 부르는 세대의 차이가 타이포그래피와 와리쓰께(할부)의 차이이다. 일본 용어를 알아야 기술자인 척하던 시대에서 영어 용어를 알아야 전문가인 척하는 시대로 바뀐 모양이다.

* '시야게'는 최종으로 알맞게 다듬질하는 '마무리 공정(final finishing)'을 뜻하는 일본어임.

한 면(쪽, 페이지)에 몇 행(줄)으로 조판하고, 한 행은 몇 자로 조판하고, 본문의 큰 제목은 3행간(제목 위 한 줄과 아래 한 줄을 비워라)이고 본문 조판용 활자는 본문체로 하고 제목은 네모체로 조판하라고 지정하는 것이 원고지정이고, 이 원고지정을 일본말로 와리쓰께(わりつけ, 할부)라고 불렀다. 그러나 미술대학을 졸업한 젊은 디자이너는 원고지정이라는 인쇄 용어 대신에 타이포그래피라고 학교에서 배운 것이다.

우리나라에서 한글 활자의 사용 역사는 약 600년이지만, 《삼국사기》에 의하면 고구려의 문자(고한자) 조판 역사는 2000년 이상이 된다. 그러나 어려운 고한자(녹도문자/갑골문자)와 쉬운 고한글(정음문자/가림토문자)의 두 종류 문자가 단군조선(고조선) 시대에 이미 사용되었다는 기록도 있으니까 우리의 한글 활자 역사는 고한글인 가림토문자로부터 계산하면 4514년이 된다(BC 2181년에 단군조선 3세인 가륵단군이 정음 알파벳 38자를 만들어 가림토문자라 불렀다).

고한자는 환국 시대(BC 7197년~BC 3898년)에 사용하던 문자인 녹도문자가 다음에 개국한 배달국 시대(BC 3897년~BC 2333년)를 거쳐 단군조선 시대(BC 2333년~BC 108년)에 들어와서 더 개량되고 발전되어 갑골문자로 탄생한 것이니까 고한자의 역사는 훨씬 더 길 것이다.

《삼국사기》에 '고구려에는 건국 초(BC 37년)부터 문자가 있어서 역사를 기록한 유기가 100권이 있었는데, 서기 600년 영양왕 11년에 이문진이 100권을 5권으로 요약하여 간행하였다'는 내용이 나온다. 이때 사용된 문자가 한자이든 아니든 간에 책 100권을 조판하여 제작할 수 있는 완벽한 문자임에는 틀림이 없다. 2049년 전 고구려 건국 초기에 100권의 역사책을 발간했다면 편집자는 100권의 책을 원고지정했을 것이다. 이것을 요샛말로 바꾸면 100권의 책에 대한 타이포그래피 작업이 이뤄진 것이다.

어떤 책을 출판할 것인가를 정하고 원고를 준비하고 나면, 원고의 조판 체제, 즉 어떤 글자꼴(서체)의 활자, 어떤 크기, 1행(한 줄)의 길이는 얼마(몇 자), 줄과 줄 사이는 어느 정도로 띌 것인가, 1페이지에 몇 줄을 조판할 것인가, 제목은 어떤 식으로 조판할 것인가 등을 정하는 것이 편집(디자인) 단계에서 할 일이다. 편집에서 하는 이런 일의 대부분이 바로 타이포그래피의 영역에 속한다.

일반적으로 편집자가 제일 처음 배우는 일이 교정 작업과 원고지정 방법이다. 그러나 개인용 컴퓨터를 잘 취급하는 젊은 편집자나 젊은 디자이너가 출판계에 입문하여 자리를 잡자 전통적으로 사용되던 '원고지정' 대신에 '타이포그래피'라는 용어가 그 자리를 대신하고 있다.

편집자의 3대 역할에는 필자의 역할, 독자와 평론가의 역할, 디자이너의 역할이 있다. 이 중에서 디자이너의 역할이 바로 원고지정 작업을 하는 일이고, 이 원고지정 작업이 디자인업계에서 문자디자인(타이포그래피)이라고 불리는 것이다. 원고지정을 하기 위해서는 레이아웃을 미리 잡아야 하는데, 이 레이아웃 과정을 디자인업계에서는 편집디자인이나 북디자인 작업이라고 부르기도 한다.

타이포그래피(typography, 원고지정, 문자디자인)는 '활자 제작과 디자인' 그리고 '조판 방법과 조판된 상태의 디자인'에 관한 모든 것을 의미한다. 한글 타이포그래피는 한글 활자로 조판하거나 한글 글자를 사용하여 단행본, 교과서, 잡지, 신문 등 출판물이나 포스터, 카탈로그, 카드, 팸플릿, 브로슈어 등 소책자를 시각적으로 아름답고 조화가 이루어지도록 배치하고 구성하는 모든 작업을 말한다.

종이책이나 전자책이나, 책의 본문을 조판할 때 사용되는 요소가 타이포그래피에서도 거의 같은 비중으로 중요시되고 있다. 사용 용도에 따른 글자의 형태(글꼴) 지정, 글자의 크기 선택, 글자의 무게(굵기), 넓이(정/장/평), 각도(우사/좌사), 조판된 상태에서의 미려도와 가독성을 위한 한 줄의 길이, 한 페이지에 들어가는 줄 수, 자간 및 단어간, 행간(행송), 정렬 방식 지정 등 편집자와 식자공(문선, 채자, 조판, 정판)이 공유하여 사용해 오던 작업이 활자용 문자를 포함한 모든 문자디자인에서도 동일하게 수행되고 있는 것이 현실이다.

[참고] 한글 문자에 관한 자세한 정보는 '디지털 한글박물관(www. hangeulmuseum. org)'에서 확인할 수 있다.

# 폰토그래피와 타이포그래피

우리나라와 일본의 출판업계와 인쇄업계에서는 타이포그래피(typography)라는 말 대신에 '원고지정'이라는 용어를 사용해 왔다. 우리나라에서 사용되는 타이포그래피라는 단어는 디자인업계에서 전래된 용어이다. 어원적으로 타이포그래피는 타이프를 연구하는 학문이라는 뜻이다. 타이프(type)는 활자. 손으로 쓰는 대신에 활자로 쓰는(치는) 기계가 타이프라이터이다. 나무활자(목활자)이건, 금속활자(연활자)이건, 도자기활자(세라믹활자)이건 활자를 연구하는 학문이라는 것이 타이포그래피의 원래 의미이다.

폰토그래피(fontography)의 어원은 폰트를 연구하는 학문이라는 뜻이다. 폰트(font)는 인쇄용 본문 활자를 말한다. 일반적으로 금속활자보다는 디지털 활자(digital type)일 경우에 폰트라는 용어를 많이 사용한다.

출판계에서는 한글 출판용 활자를 다루는 것이 폰토그래피이고, 소책자 디자인용 한글 글자를 다루는 것이 타이포그래피라고 구분한다.

폰토그래피는 한 면에 300자 이상의 글자가 조판된 상태로 아름다운 글자를 추구하는 인쇄용 본문 활자를 디자인하는 '활자디자인'이나 '활자용 문자디자인'이라고 할 수 있다. 반면에 타이포그래피는 한 면에 20자 정도의 글자를 그리는 '문자디자인' 작업이다.

폰토그래피는 활자를 다루므로 사용할 때마다 글자를 그리는 것이 아니고 이미 정해진 형태(꼴)의 글자(활자)를 사용하므로 타이포그래피처럼 용도에 따라서 글자를 그리는 작업이 아니고, 사용할 경우마다 활자를 찍는(복제하는) 작업이다.

로만 알파벳을 사용하는 출판물에서는 폰토그래피와 타이포그래피의 차이가 그다지 문제가 되지 않는다. 소책자용 타이포그래피나 출판물 본문용 타이포그래피나 52개의 알파벳(대문자와 소문자)만 그리면 모든 문장의 단어를 완성할 수 있다.

반면에, 한글 타이포그래피와 한글 폰토그래피는 크게 차이가 난다. 소책자(small printed matters)용 타이포그래피에서는 그 포스터나 카드에 등장하는 음절 10개나 20개만 그리면 문장을 완성할 수 있지만, 한글 출판물용 타이포그래피, 즉 한글 폰토그래피는 최소한 1600개 이상의 음절(한글 글꼴 한 벌)을 그려야 한글 문장을 완성할 수 있는 것이다. 그러므로 한글 타이포그래피에서는 좁은 의미의 타이포그래피(소책자용 타이포그래피)와 폰토그래피(출판물 본문용 타이포그래피)가 구별되는 것이다.

책의 본문을 조판할 때의 한글 타이포그래피 요소를 살펴보면, ① 한글 활자의 구조 및 종류와 형태(서체와 크기는 물론 자소간의 속공간 등) ② 활자의 느낌과 표정(서체의 색상 등) ③ 조판된 결과의 글자 블록(글무리)의 구조 표현(자간, 행간, 단 길이, 단 간격, 조판 형식 등) ④ 본문용 서체, 제목용 서체, 장식용 서체의 적절한 사용과 조화 문제 ⑤ 각종 조판용 약물과 디자인 요소를 효과적으로 사용해야 하는 등 여러 요소가 존재함을 알 수 있다.

1980년대쯤부터 타이포그래피 분야도 '문자의 시각적인 표현을 통하여 독자들에게 정보전달과 이해를 도와야 한다'는 일반적 원칙에서 벗어나서 새롭게 나타난 실험적 타이포그래피 학파가 많이 나타났다. 이들의 주장은 가독성을 중시하는 것보다는 보고 느끼는 것을 중시하고 있다. 또한, 기존의 타이포그래피는 2차원의 평면에 인쇄하거나 화면에 출력하는 방식인 정적 타이포그래피인 데 반하여, 최근에 등장한 또 다른 실험적 타이포그래피 학파는 가상공간 속에서 구현되는 3차원이나 4차원의 동적 타이포그래피를 주장하고 있다.

동적 타이포그래피는 키네틱(kinetic) 타이포그래피 또는 무빙(moving) 타이포그래피라고도 하며, 움직이는 글자로 예술적이고도 기술적으로 표현하는 타이포그래피를 말하는데, 글자가 움직일 뿐만 아니라 소리도 추가될 수 있다.

[참고] '아름다운 한글', 디지털 한글박물관, www.hangeulmuseum.org

# 07
# 한글의 지적디자인과 미적디자인

세종대왕께서 훈민정음을 창제하신 이래로 한글의 독창성과 시각 조형적 아름다움은 세계에서 유래를 찾아볼 수 없으며, 특히 컴퓨터 시대라 일컫는 21세기에는 더욱더 한글의 과학성이 인증을 받고 있다.

한글이 알파벳과 다른 점은 한글이 갖고 있는 시각 조형적 특성이라고 볼 수 있다. 한글이 갖는 여러 우수성 중 시각 조형적인 면을 살펴보면, 그 구조적 단순함으로 말미암아 시각적 명료성이 매우 뛰어나며 주어진 가상의 네모난 문자틀(4각형 형태) 안에서의 구성적 완벽함으로 사용자의 편에서 볼 때 독해기능성과 예술성이 뛰어난 조화를 이룸을 알 수 있다. 그리고 어떤 필기도구를 사용하든지 그 실용성과 기능상의 아무런 장애를 받지 않음은 물론이요, 문자 사용자의 정서적 요구에 의해 그 조형적 변형도 또한 다채로운 것이 사실이다.

로만 알파벳 문자는 26개 알파벳의 모양만 디자인하여 단어와 문장을 조판할 수 있으나 한글 글자는 24개의 알파벳의 모양과 크기는 물론 일정한 네모틀 안에서 각 알파벳의 거리(속공간)까지 생각하여 초성 알파벳과 중성 알파벳, 받침 알파벳을 조화되도록 디자인해야 한다.

로만 알파벳 문자는 높이와 폭이 일정하지 않은 26개의 알파벳이 각자의 모양이나 크기가 바뀌지 않고 그대로 수평 나열되어 문장을 조판하는 글자이므로 선의 글자라 부를 수 있고, 24개의 한글 알파벳이 가상의 네모틀 안에서 알파벳과 알파벳이 공간을 두고 조합되는 한글 글자는 공간의 글자라 부를 수 있는 것이다.

그러므로 알파벳 모양뿐만 아니라 일정한 크기의 네모틀 안에서 자음 알파벳과 모음 알파벳의 공간도 계산해야 하는 한글 글자는 '디자인과 수학의 결합' 또는 '미적디자인과 지적디자인의 결합'의 결과로 생각할 수 있다.

한글은 자음과 모음 24개의 알파벳으로 단어를 구성하는데, 단어를 완성시키기 이전에 미리 음절을 먼저 완성시키고, 이 음절의 조합으로 단어를 구성하는 음절 문자이다.

현재의 한글맞춤법에 맞는 24개의 자음과 모음 알파벳으로 구성되는 한글 음절은 모두 1만 1,172개가 된다. 따라서 한글 디자인은 알파벳 24개만 디자인해서는 안 되고 한글 음절 1만 1,172개의 글자를 디자인해야 책이나 신문을 조판할 수 있는 것이다.

한글의 지적디자인에는 알고리즘(조합이론), 한글코드, 가독성, 변별성(판독성), 경제성이 더 중요한 요소로 작용하고, 한글의 미적디자인에는 아름다움(미려도), 크기, 균형, 조화, 착시가 더 중요한 요소가 된다고 볼 수 있다. 맞춤법에 맞는 현대 한글 음절 1만 1,172개 음절이 몇 개의 알파벳으로 구성되어 있는가를 연구하는 것이 한글의 지적디자인 분야이다. 몇 개의 초성/중성/받침 알파벳으로 '1만 1,172개의 음절을 조합해 내는가'의 규칙을 전산용어로는 '한글 알고리즘 추출'이라고도 한다.

한글 미적디자인에서는 한글 지적디자인의 원칙에 따른 형태를 유지하면서 디자이너의 다양한 창의성을 가미할 수 있다. 미적디자인에서까지 원형을 유지하려면 훈민정음 당시 옛 한글 형태를 그대로 보존하여야 하므로 아무리 활자라 하더라도 무리가 따른다. 세로쓰기에서 가로쓰기로 바뀌고 필기도구도 붓에서 볼펜과 연필로 바뀐 상황에서 훈민정음 창제 시절의 옛한글 형태를 사용하는 디자인을 하라는 것은 비현실적이다.

따라서 1992년에 문화부에서 제정한 제정기준을 따르는 한도 내에서 한글 미적디자인 분야는 디자이너에게 융통성을 준다는 것이다. 글자 쓰는 원칙, 활자의 밑그림 그리는 원칙 등 한글 지적디자인 분야를 잘 지켜나가면 한글의 원형을 지키면서도 미려도가 높은 고품질·고품위의 한글디자인이 가능한 것이다.

알다시피 한글 지적디자인에 한글 미적디자인을 합해야 완전한 한글디자인이 가능해진다. 몇 개의 알파벳(자음과 모음)을 조합하면 중급 이상의 미려도를 유지하는 한글 음절을 디자인할 수 있는가를 알아내는 것이 한글 지적디자이너의 역할이다. 다시 강조하면 한글디자인에는 알파벳 문자의 디자인과 달리 미적디자인 이외에 지적디자인 분야가 추가로 존재하며 아주 중요한 역할을 담당하고 있다는 것이다.

한글디자인에 대한 지속적인 연구에 관한 역사를 살펴보면 1991년에 문화부에서 '한글 글자본 제정 기준안'을 확정한 것이 기폭제가 되었고, 1998년에 한국글꼴개발원에서 연간 잡지인 〈글꼴〉을 창간함으로써 한글디자인에 대한 학계와 산업계의 협조와 관심이 깊어졌다는 것을 알 수 있다.

한글디자인에 관한 연구는 국어학계와 한글학계에서 접근

하는 방식과 출판학계와 인쇄학계에서 접근하는 방식, 디자인 학계에서 접근하는 방식의 세 방향이 있을 수 있다. 연세대에서 정년퇴임한 홍윤표 교수를 대표로 하는 국어학계와 국어정보학계의 방식이 기존 문헌에 나타나는 훈민정음과 한글에 대한 디자인을 역사적, 문화적 관점에서 연구하는 방식이라면 디자인학계나 예술계에서 연구하는 방식은 미적디자인 연구와 지적디자인 연구가 구분되어 진행되는 특성이 있다.

한국에서 금속활자를 개발할 때부터 진행된 연구 방식이 컴퓨터 시대에도 그대로 전승되고 있어서, 출판학계와 인쇄학계에서 한글디자인에 대하여 연구하는 방식은 미적디자인 연구와 지적디자인 연구를 함께 진행하고 있다. 아름다움은 물론 실용성과 경제성을 모두 고려하여야만 실제로 출판물이나 인쇄물의 본문용 활자로 제작되고 사용될 수 있기 때문일 것이다.

한글의 미적디자인 연구의 시작은 이화여대에서 정년퇴임한 김영기 교수의 1967년도 논문 '한글 문자꼴의 역사적 연구'라 할 수 있다. 그 뒤를 이어 서울여대 교수로 재직했던 김진평(1949-1998년) 교수의 1975년도 '한글 로고타이프의 기초적 조형 요소에 관한 연구' 석사학위 논문과 홍익대 안상수 교수의 1980년도 석사학위 논문 '한글 타이포그라피의 가독성에 관한 연구'가 계속 발표되었다.

한글의 지적디자인 연구는 뚱보강사 이기성 교수의 1991년도 석사학위 논문 '전자출판시스템 중 CTS용 한글 음절 출력 방식에 관한 연구'와 1991년에 발표된 손애경 교수의 동국대 언론정보대학원 석사학위 논문인 '전자출판에 있어서의 바람직한 한글코드 설정에 관한 기초적 제언 −초/중/고등학교 국어교과서의 음절출현분석을 중심으로−'가 시초라 할 수 있다. 1992년에 발표된 오정금 사장의 석사학위 논문 '자소조합에 의한 전자 출판용 본문체 개발 및 미려도 연구'가 지적디자인 연구를 가속시켰다. 뒤이어 2003년에 발표된 이용제 교수의 '한글 활자 디자인 조합규칙의 경제성과 조형성에 대한 연구' 박사 논문 역시 한글 지적디자인의 학술적 연구를 더욱 활발하게 만들었다.

# 08

# 한글 글꼴에는 호흡이 있다

필기도구의 변경으로 우리 글자의 정서적 특성도 그 영향을 받았음을 부인할 수 없다. 예를 들어서 붓과 먹을 사용하던 당시의 필법(수직 필법)은 오늘날 일부 서예인에 한하여 사용될 뿐 대개의 일반인은 필기도구를 45°가량 뉘여 쓰는 방식에 익숙해져 있다. 이것은 음악의 음(音)으로 치자면 평균음이고 그 군일성으로 말미암아 지루한 평균율의 박자를 유지하는 정도에 그치고 있는 것이다. 그러나 실제 우리의 글은 자유음(free tone)이며 로만 알파벳의 평균율(equal temperament) 대신 인간적인 생체율(Bio-Rhythm)을 반영하였기에 인쇄된 글자에도 그러한 정서적 요소가 요구된다. 예를 들어 자음이든, 모음이든 그 자소를 표현함에 시작과 중간, 끝의 성격이 서로 달라 그 조화와 배합에 있어 마치 그림을 그릴 때처럼 미의식의 시각 조형화 작업과 거의 일치함을 알 수 있는 것이다. 이는 나아가 독특한 서법으로 발전하여 서예, 서도라는 특별한 정신문화적 대상에까지 이르게 된 것이다.

한글 글꼴은 심성과 정서에 영향을 준다. 글자의 부피와 모양에 의해 그 글을 읽는 사람에게도 정서적 영향을 준다는 점에서 우리 글자의 정서적 특질을 연구하고 이를 글꼴 디자인에 반영한다는 것은 매우 중대하고 의미 있는 일이다.

가령 날카롭게 표현된 글을 읽으면 자연히 보는 이의 심성도 예민하고 신경질적이 되며, 느릿하고 두텁게 표현된 글자를 읽고 나면 심성 또한 느긋하고 둔해질 수 있다.

우리 민족의 심성과 정서는 현대에서 어떻게 이루어져야 하는가 하는 점은 바로 이러한 시각에서 그 의미와 가치를 부여할 수 있을 것이다. 이렇게 하여 이루어진 글자의 모양은 그 실제적 특성이 인쇄술과 인쇄재에 의하여 반드시 반영되어야 한다.

한글은 인간의 생체율을 반영하고 있는 시청각적 글자이므로 한글 활자를 디자인하거나 활자 배열을 할 때에는 그 음률과 철학에도 신경을 써야 한다. 우리가 사용하고 있는 한글은 자유로운 비화성음인 자유음(free tone)이며, 로만 알파벳의 평균율(equal temperament) 대신 인간적인 생체 리듬을 반영하였기에 인쇄된 글자에도 그러한 정서적 요소가 요구됨은 필연적 사실이다.

# 한글디자인과 영문자디자인

문자디자인(글자디자인) 방식은 영문자와 한글이 서로 다르다. 영문자디자인은 알파벳(alphabet, 자소, 낱내) 디자인 방식이고 한글디자인은 실라블(syllable, 음절, 낱내) 디자인 방식이다. 한글디자인에도 알파벳 디자인 방식이 있는 경우가 있다. 한글 문장을 풀어쓰기로 조판할 경우이다. 한글의 자음 자소와 모음 자소만을 디자인할 때에는 영문자디자인 방식을 사용하면 된다. 그러나 책이나 신문의 본문을 조판할 때 사용되는 한글디자인은 영문자디자인 방식과 다른 실라블 디자인 방식을 사용해야 한다.

글자에는 간판에 쓰이는 글자, 책표지에 쓰이는 글자, 광고에 쓰이는 글자, POP에 쓰이는 글자, 책 본문에 쓰이는 글자, 신문 본문에 쓰이는 글자 등 여러 종류가 있다. 그중 본문용 한글은 네모틀 안에 들어가는 모양의 음절 글자이므로 영문자 같은 로만 알파벳 글자와 달리 아름다움과 가독성을 추구하는 이외에 한글 한 글자 자체를 만드는 데 일정한 규칙이 있는 글자이다. 한글은 로만 알파벳 26개만으로(대소문자를 합치면 52개) 단어를 이루는 영문자와 달리 알파벳 자체에 고유 음가가 있는 글자로, 음가가 있는 24개의 한글 알파벳이 초성, 중성, 받침으로 다시 모여서 조합되는 1만 1,172개의 실라블이 있다. 한글은 이 실라블마다 그 모양의 아름다움과 가독성을 추구해야만 조판이 가능하다.

단어를 구성할 때 음절을 미리 만들지 않는 글자인 영문자 같은 로만 알파벳 문자는 실라블 디자인이 따로 필요 없으므로 26개 알파벳 디자인만 하면 바로 문장 조판이 가능하다.

일부 디자이너들은 로만 알파벳을 최고의 문자라고 생각하고 한글 문자를 무시하기도 한다. 로만 알파벳은 음소/음절문자가 아니기 때문에 음절을 별도로 만드는 글자가 없어 52개의 자소만 그리면 된다는 점, 구조적으로 단순하여 가독성이 높다는 점이 한글 문자보다 우수하다고 주장한다. 단순히 생각하면 맞는 것 같지만 문자를 단순 비교하여 우열을 가리는 것은 잘못된 것이다. 문자는 그 민족의 언어와 밀접한 관련이 있는 것이고, 각 문자마다 특성이 다르므로 같이 비교할 대상이 아니라 서로 구별하여 관찰할 독특한 대상인 것이다.

로만 알파벳 문자는 자소의 음가가 가변적이라 단어를 만들고 나서 단어 읽는 법을 추가로 배워야 하지만, 한글은 자소에 고유 음가가 있어서 단어 읽는 법을 별도로 배울 필요가 없다.

폰트디자인은 각 민족의 문화와 문자에 맞추어 디자인을 해야 된다. 모든 문자를 어느 특정한 문자의 디자인 방식에 따라서 디자인을 해야 한다고 생각하는 것은 옳지 않다.

한글 활자의 지적디자인 관점에서 보면, 한글 음절을 훈민정음 원리에 따라 조합형으로 디자인하여 제작하려면 24개의 한글 자소가 필요하고, 네모틀 안에서 어느 정도의 모양을 갖춘 디자인을 하려면 최소한 67개의 한글 자소가 필요하다. 머릿속 글자로는 한글 자음 14개 자소와 모음 10개 자소 합계 24개 자소로 한글 음절 1만 1,172개를 모두 디자인하여 조합해 낼 수 있다. 초성에 자음 자소, 중성에 모음 자소, 받침에 자음 자소를 사용하여 한글 한 음절씩을 조합해 내는 원리이다. 그러나 실무에서 사용할 수 있는 아름다운 한글 음절 활자를 디자인하기 위해서는 67개의 10배 이상인 728개나 903개의 한글 자소가 필요하게 된다. 이런 디자인 방식을 1만 1,172개 한글 음절의 조합에 필요한 자소의 수에 따라 '728개 조합형 디자인'이나 '903개 조합형 디자인'이라 부른다.

또 한 가지 강조할 것은 한글디자인에서는 영문자디자인과 달리 미려도를 따지기 이전에 더욱 중요한 것이 있다는 것이다. 즉, 한글디자인에서는 글자가 아름다우냐 아니냐를 따지기 이전에 한글 음절의 원형을 유지하고 있는가를 확인하는 작업이 반드시 필요하다. 한글 음절 글꼴을 디자인하는 것은 한글 디자이너가 모든 재량권을 가지고 있는 것이 아니라 한글을 글자로 사용하는 독자가 인정하는 한도 내에서 제한된 재량권을 갖고 있는 것이다. 한글의 지적디자인에서는 법에서 정하는 음절의 원형을 유지시켜야 하고 한글의 미적디자인에서는 한글 음절을 그리는 기준에 맞는 범위 내에서 아름다움을 추구해야 한다.

한글 글꼴 규정을 따르는 것은 당연히 한글 지적디자인에 속할 것이다. '글자 쓰는 원칙이 왜 필요하냐?'고 많은 한글 디자이너들이 반발을 한다. 그러나 원칙이 있어야 원칙에 따라서 글자꼴을 디자인할 수 있지, 원칙이 없으면 본래의 글자꼴을 유지하기가 힘들어지고 결국은 글자의 원형과는 다른 별도의 글자꼴로 변형될 수 있기 때문이다. 대표적인 것이 바로 'ㅈ'자소의 경우와 한글 코드의 문제이다.

# 10

# 한글은 글자마다 예술작품이다

　책을 조판하기 위한 활자의 글자꼴 모양은 필요할 때마다 자기가 직접 손으로 쓸 때의 글자꼴 모양과 다를 수 있다. 자기 혼자만 보기 위한 메모지의 글자꼴은 자기만 알아보면 되므로 어떤 형태라도 사용할 수 있으나, 여러 명의 독자가 보아야 하는 책을 인쇄하기 위한 활자의 글자꼴 모양은 빠르고 정확하게 알아볼 수 있으며 일관성이 있어야 한다.

　문화부에서 주체가 되어 개발한 한글 문화바탕체는 원래 목적이 교과서 본문용 글자꼴 개발이었으므로, 자라나는 우리의 초등학생들의 성격이 온화하고 은근하도록 자소의 굽은 정도를 크게 하여 부드러운 느낌이 들도록 제작하였다. '우리 민족의 발전을 생각하고' 제작한 문화바탕체와 그런 생각 없이, 아니면 도리어 '한국 민족 잘되지 마라'라는 생각을 하고 제작한

글자꼴과는 차이가 있게 마련이다.

단순히 자소의 수평적 조합만으로 단어가 이루어지는 알파벳 글자꼴과 자소가 모여서 음절을 만들고 다시 음절이 모여서 단어가 되는 한글 글자꼴은 한글 활자 자소의 제작 방법이 당연히, 로만 알파벳 제작 방법과 달라야 한다. 그러나 출판이나 편집을 잘 모르는 디자이너의 경우에는 로만 알파벳의 타이포그래피 원칙을 그대로 따라서 디자인하는 경우가 많으므로 주의하여야 한다.

한글 한 개의 음절은 초성과 중성, 또는 초성과 중성과 받침이 모여서 이루는 한 개의 예술품이다. 한글 음절 한 개가 예술작품 한 개인 것이다. 현대 한글 1만 1,172개의 음절이 각기 다른 작품이며, 1만 1,172개의 예술품인 것이다. 한글 활자는, 한글 음절 하나하나를 작품 제작하듯이 정성껏 완성하여야 한다.

국전에 특선한 소나무 그림 한 장이나 초등학생이 그린 소나무 그림 한 장이나 같은 그림 한 장이지만, 그림의 품질에는 엄청난 차이가 있을 수 있다. 사진을 찍듯이 꼼꼼하고 열심히 그린 소나무 그림이라도 그 그림 속에 작가의 철학이 들어 있지 않으면 훌륭한 그림이라 할 수 없는 것처럼, 한글 음절 1개에도 제작자(디자이너)의 철학이 들어 있어야만 훌륭한 글자꼴이라고 할 수 있다.

　1443년 세종대왕은 어려운 글자가 아니어서 만백성이 쉽게 배울 수 있는 글자를 창제하여 지식독점을 막으려 했다. 사용하기 쉬운 현대의 인터넷 문화나 그림글자 문화의 장점을 이미 572년 전에 세종대왕은 아주 배우기 쉬운 한글을 창제함으로써 특권층의 지식독점뿐 아니라 이로 인한 권력과 자본의 왜곡 현상을 타파하고자 시도했던 것이다. 조선 시대에 한글이 창제·반포되었을 당시의 공식 명칭은 '백성을 가르치는 바른 소리'라는 뜻의 훈민정음이었다. 훈민정음은 세계 2,900여 종의 언어와 글자 가운데 유네스코에서 최고의 평가를 받은 자랑스러운 우리나라의 문화유산이다.

　한글디자인에 대하여 연구하려면, 먼저 로만 알파벳과 특성이 다른 한글 음절 글꼴의 특성을 확실히 파악할 필요가 있다. 자음과 모음이 일렬로 이루어져 단어가 되는 글자군과 자음과 모음이 다시 초성과 중성, 받침의 조합으로 새로 구성되는 음절 글자군의 글꼴은 그 성격부터가 다르다. 따라서 한글을 디자인하려면 한글은 영문자처럼 자음과 모음을 제작함으로써 완성되는 글꼴이 아니므로 네모꼴 형태 음절 글자군의 글꼴 제작 콘셉트를 연구해야 한다.

로만 알파벳의 글자 구조는 받침이 없는 풀어쓰기 글꼴 구조와 같으나, 한글은 자음과 모음이 모여서 다시 초성과 중성, 받침으로 조합하여 음절을 구성하므로 그 특성이 서로 다르다.

음절 글자군 디자인은 초성, 중성, 받침의 자소로 사용되는 자음 자소와 모음 자소를 미리 디자인해 놓고, 이 자소들의 모양과 크기가 글자(음절)에 따라 네모틀 안에서 다시 어떻게 변화하느냐를 파악하여야 음절 글꼴을 정상으로 제작할 수 있다.

# 11

# 출판용 한글 활자의 디자인

한글 활자는 줄기의 굵기에 따라 눈으로 느끼는 무게가 가볍거나 무거워 보인다. 줄기의 굵기(두께)에 따라서 가는(세), 보통(중), 굵은(태), 아주 굵은(견출) 등으로 나누어 서체 이름 앞에다 붙여서 표시한다. 로만 알파벳 문자도 다양한 굵기인 thin – light – medium – bold – heavy 등을 구분하여 제작하고 글꼴가족(패밀리)이라 부른다. 굵기에 따른 구분을 구체적으로 보면, '가는, 보통, 굵은, 아주 굵은 글자체' 또는 '가는 본문체(세명, M), 보통 본문체(중명, JM), 굵은 본문체(태명, TM), 아주 굵은 본문체(견출명, KM)' 등으로 부르고 있다.

종이책의 본문을 조판할 때는 본문체(바탕체) 활자를, 본문 중에서 강조용으로 사용된 것은 네모체(돋움체) 활자를 사용한다. 본문용 활자 중에서 제목용으로 사용되는 것은 본문제목체(바탕제목체)와 네모제목체(돋움제목체)가 있다.

글자꼴을 개발할 때는 같은 본문체, 네모체, 제목체라도 어느 크기의 글자가 주로 사용되느냐를 결정하고 그 크기에서 가장 아름다운 모습(charming point)을 나타낼 수 있는 글자꼴로 개발한다. 각 연령층에 따라 평균 시력이 다를 수 있으므로 주요 대상 독자의 평균 시력에 맞추어서, 본문 조판에 사용하기로 결정된 활자의 크기에서 가장 아름다운 모습을 보이는 모양으로 개발된 활자를 사용한다.

활자의 미려도와 판독성, 문장의 가독성은 활자의 크기에 따라 변할 수 있다. 같은 '출'자라 하더라도 커다란 크기의 활자에서는 예쁘지만 작은 크기의 활자로 축소되면 미운 글자로 보일 수 있다. 100포인트(35mm 사방) 크기 때 예쁘게 보이던 글자가 10.5포인트(3.7mm 사방) 크기일 때는 미워 보일 수도 있다. 한글 음절의 모양(글자)은 축소나 확대시키면 그 모양이 똑같은 형태로 크기가 축소나 확대되지만 사진이나 선으로 그린 그림과 달리 미려도는 달라지는 것이다.

한글 한 글자는 눈에 보이지는 않지만, 가상의 네모틀(네모상자) 안에서 그 무게중심과 가운데 중심을 조절하고 있으며, 한글 한 글자는 자음 자소와 모음 자소가 초성, 중성, 받침을 이루면서 네모틀 안에서 자소의 크기와 모양과 자소와 자소 간의 간격(속간격)을 변화시키게 된다. 그러므로 10.5포인트(5호) 크기일 때 아름다웠던 글자 모양이 26포인트(1호)로 커졌을 때도 동일하게 아름답다는 것을 보장할 수는 없는 것이다. 글자의 미려도는 자소 간의 간격이나 줄기 간의 간격의 변화에 따라서 크게 영향을 받는다.

따라서 선의 글자인 로만 알파벳 글자와 가상의 네모 모양의 틀 안에 들어 있는 네모틀 글자인 한글 음절 글자와는 확대나 축소했을 때에 그 글자의 아름다움(차밍)이 변하는 정도가 다를 수밖에 없다. 물론 음절에 따라 자소의 모양과 크기가 변하는 한글이 그 아름다움이 변하는 정도도 로만 알파벳에 비해 훨씬 크다. '가'자의 기역 모양과 '고'자의 기역 모양은 서로 모양이 다르고, '가'자의 기역 모양과 '강'자의 기역 모양은 서로 모양은 비슷하나 기역의 크기가 다르다. '고'자의 기역의 크기와 '골'자의 기역의 크기도 서로 다르다. 반면에 로만 알파벳은 단어가 자음과 모음의 수평적 나열로 그치는 글자이므로 'golf'의 g나 'bag'의 g나 모양과 크기가 서로 똑같다.

한글 글자꼴을 개발할 때는 이 글자꼴이 활자로 개발되어 실제로 조판이 된 상태(한글전용 가로쓰기, 한글/한자 혼용 세로쓰기 등)에서 개발 목적에 맞는 아름답고 변별력 있고, 가독성이 높은 모습이어야 한다는 것을 중요시한다.

한글 글꼴을 평가할 때는 한글 음절을 쓰는 원칙(글꼴 제정 기준)에 부합하는가를 먼저 살피고, 맞게 쓴 글자의 아름다움에 대하여 평가해야 한다.

본문 활자용 한글 글꼴 디자인을 하는 경우에는 원칙에 어긋난 틀린 글자 모양을 디자인하지 말아야 한다. 반드시 문화부에서 1991년 12월 27일에 발표한 '한글 글자본 제정 기준'에 맞추어야 한다. 이를 어기고 틀린 글자꼴을 디자인하는 경우, 추후에 한글 서체 저작권 보호문제가 발생할 때 불리한 위치에 서게 될 것이다.

출판용 활자의 조판에는 금칙이 있다. 예를 들면, 연도 2020년을 윗줄에서 202로 끝내고 다음 줄 시작에 0년으로 쓰면 안 된다거나, 마침표가 달랑 문장의 맨 앞에 나오고 끝나면 안 된다는 식이다. 마찬가지로 한글 글꼴 디자인에도 금칙이 있다. 금칙이란 글자를 틀리게 쓰지 말라는 것이다. 금칙을 지킨 디자인을 하라는 것은 '예쁘고 밉고'의 문제가 아니라 '맞고 틀리고'의 문제를 먼저 알라는 것이다.

틀리게 제작하기 쉬운 한글 음절에는 '장', '원', '군'이 있
다. 자음의 '지읒'과 모음의 '워'와 '유'자를 잘못 쓴 경우가 많
이 발견된다. 신명조체, 바탕체, 견명조체에서 틀린 글자가
자주 발견된다. 예쁜 것 이전에 규정에 맞는 글꼴을 디자인해
야 할 것이다.

[참고] 《타이포그래피와 한글디자인》, 이기성, 한국학술정보㈜
'아름다운 한글', 디지털 한글박물관 (www.hangeulmuseum.org)
'한글 글꼴 제정 기준'은 문화부에서 1990~1992년에 제정, 발표했다. 이 기준에 맞추어
한글 문화바탕체와 문화바탕제목체가 디자인되었다.

# 12

# 한글의 가독성과 이독성

한글 같은 음소/음절 글자군은 로만 알파벳(자소) 문자와 특성이 다르므로, '초성, 중성, 받침의 자소 모양이 음절에 따라 어떻게 달라지나'를 정확하게 파악하고 있어야 음절 타이포그래피를 정상으로 이해할 수 있다.

문자를 분류하는 방식에는 여러 방식이 있겠지만, 다음과 같이 다섯 가지로도 분류한다.

① 단어 문자(letter) : 한자와 같이 한 글자로 뜻과 음이 있는 문자. (보기) 字[글자 자]

② 음절(syllable) 문자 : 일본어와 같이 자음과 모음의 형태로 분류할 수 없는 문자. (보기) ざ[자]

③ 음소(phoneme) 문자[음운문자] : 한글과 같이 자음 자소나 모음 자소가 각기 변하지 않는 고유의 음을 갖고 있는 문자. (보기) 글[ㄱ ㅡ ㄹ]

④ 자소(alphabet) 문자 : 영문자와 같이 로만 알파벳 자소가 모여서 단어를 먼저 만드는 문자. (보기) nice

⑤ 음소/음절 문자(pre-syllabled letter) : 한글과 같이 음소문 자이면서 초성(first consonant), 중성(vowel), 받침(coda/final consonant) 등 일정한 원칙에 의해 음절(syllable)을 먼저 만들고 이 음절들이 모여서 단어(word)가 되는 문 자. (보기) 한글[ㅎ ㅏ ㄴ ][ㄱ ㅡ ㄹ ]

로만 알파벳 문자는 '자소 문자'이므로 한 글자가 따로 없고 자소가 조합하여 단어(word)를 만들고 단어가 완성된 후에 그 단어를 나누어서 음절(실라블)을 찾아내어야 읽을 수 있는 분 절문자(syllabicated letter)라 할 수 있다.

한자나 일본글자는 한 글자마다 음절이 있어 바로 읽을 수 있는 글자이다. 자소가 없이 바로 음절이 있다.

한글은 자소가 있고 자소 자체에 고유 음가(phonetic value) 가 있어 자소를 조합하면 자소의 음가가 조합되어 다시 초성/ 중성/받침으로 모여서 음절(syllable)을 만들어 낸다.

한글은 음절을 먼저 만들고 그 음절이 모여서 단어가 되는 글자이고, 로만 알파벳 글자는 자소가 단어를 먼저 만들고 이 단어를 읽기 위하여 음절을 분리해 내야 한다.

한글은 자소언어의 시각적 기술문화에다 음소가 조합하여 음절을 이루는 청각적 구술문화를 겸한 글자이다. 자소문자이고 음소문자이면서 음절문자이므로 한글은 보는 글자이면서 한 글자(한 음절) 자체가 들을 수 있는 소리를 갖고 있는 독특한 시청각적 글자이다. 로만 알파벳 글자 같은 자소문자는 자소의 음가가 앞뒤에 오는 모음이나 자음에 따라 일정치 않으므로, 단어를 읽는 방법을 배우려면 먼저 음절을 분리하고 단어 내에서 그 자소의 음가를 알아내고 이를 표현할 수 있는 별도의 발음기호가 필요하다.

글자 하나하나를 얼마나 쉽게 알아볼 수 있는가를 가름하는 것이 가독성(legibility, 글자의 판독성)이고, 문장을 얼마나 쉽게 이해할 수 있는가를 가름하는 것이 이독성(readability, 읽힘성)이다. 글자를 얼마나 충실하게 인쇄해 냈는가, 즉 얼마나 완전하게 제대로 표현해서 판독하기에 적당한가(easily read, easy decoding, 변별)를 나타내는 것이 가독성이다. 반면에 한 문단이나 한 페이지에 인쇄된 문장을 읽고 이해하기가 쉬운가(understand, comprehend, 읽힘/이해)를 나타내는 것이 이독성이다.

영어권에서는 활자 자체의 읽기 쉬움과 문장의 읽기 쉬움을 명확하게 구별하지만, 우리는 한글 음절 한 글자를 읽기 쉬운 것(읽고 판독해 내는 것, legibility)과 한 페이지의 문장을 읽고 그 문장의 의미를 쉽게 이해하는 것(readability)을 둘 다 '읽기 쉬운 정도(가독성)'라고 말하는 경우가 많다. 또 일부에서는 글자를 판독하는 것을 가독성 대신에 판독성(변별성)으로, 문장을 이해하는 것을 이독성 대신에 가독성으로 부르기도 한다.

가독성(변별성, 판독성)은 글자의 몇 %까지 잘려져 나갔을 때 완벽하게 판독해 내는지를 비교해 보는 것으로 쉽게 판별할 수 있다. 이독성(읽힘성, 가독성, 이해성)은 활자의 크기, 글꼴, 한 줄의 길이, 행간, 자간, 색깔, 단 수 등 조판 요소에 따라 달라진다. 가독성이냐 이독성이냐를 따지는 것보다 타이포그래피에서는 책(출판물) 전체가 읽기 쉽고 이해하기 쉬운 체제가 중요하다.

비록 판독성이 높은 활자라 하더라도 행간이나 자간, 활자의 크기가 적당치 않게 조판이 되면 문장 전체를 이해하는 이독성이 떨어지게 되므로 활자의 모양과 조판 체제 모두가 독자에게 중요한 영향을 미치게 된다.

1995년도 SBS 라디오 방송국 조사(SBS PC 통신)와 1995년도 계원예술대학교의 조사에 의하면, 일반적으로 한국 성인용 종이 책자의 본문 활자의 크기는 5호(10.5포인트) 내외가 적당하고, 모니터 화면으로 읽는 전자책 본문 활자의 크기는 5호보다 약간 큰 4.5호(12포인트) 크기 내외가 적당하다. 종이책이건 전자책이건 본문 조판용으로 성인에게 적당한 한글 활자의 크기는 9포인트에서 12포인트 크기이다. 물론 20대부터 노안이 시작되기 전인 40대 전반까지에 해당된다. 노안으로 들어서면 14포인트에서 22포인트(4호, 3호, 2호) 활자가 본문용으로 적당하다. 1포인트는 약 0.35mm = 1/72인치이고, 10.5포인트는 약 3.70mm이다.

한글 활자의 크기 비교(호 / 급 / Point / mm)

| | | | |
|---|---|---|---|
| 6호 = 12급 | | = 7.5P. (7.75P.) | = 2.75mm(2.646mm) |
| 5호 = 15급 | | = 10.5P. (10.75P.) | = 3.75mm(3.704mm) |
| 4호 = 20급 | | = 14P. (14.25P.) | = 5mm(4.939mm) |
| 3호 = 24급 | | = 16P. (17P.) | = 6mm(5.645mm) |
| 2호 = 32급 | | = 22P. (22.75P.) | = 8mm(7.762mm) |
| 1호 = 38급 | | = 26P. (27P.) | = 9.5mm(9.173mm) |
| – | 100급 | = 71P. | = 25mm(25.041mm) |
| – | – | 100P. | = 35mm(35.28mm) |

문장 조판에서는 자간은 물론 단어와 단어 사이 간격인 단어간(어간, word spacing)의 폭도 중요하다. 자간(letter spacing)이 너무 벌어지면 엉성하게 보이고, 정상 자간보다 좁혀진 자간(마이너스 자간)으로 조판하면 빡빡하게 보인다(자간 좁히기).

한글 문장을 조판할 때는 정상 자간으로 조판해야 한다. 그런데 활자 제작 회사에서 활자를 디자인할 때 좌우를 지나치게 좁게 만든 것은 미려도를 고려하여 조판할 때 자간을 조금 좁힐 수는 있으나 −10% 이상으로 좁히는 것은 글자와 글자가 겹칠 수 있으므로 주의해야 한다. 잡지 조판인 경우에 심하게 마이너스 자간을 주고 조판을 하는 자간좁히기가 유행한 적이 있었는데, 이는 크게 잘못된 일이니 삼가야 한다. 한글 글자와 글자가 겹치게 되면 판독성과 이독성이 모두 떨어지게 된다.

문장을 시작할 때 첫 줄은 한 글자나 반 글자 폭만큼 들어가서 시작한다(indent). 또한 문장을 정렬하는 방식에는 왼쪽 끝 맞추기, 오른쪽 끝 맞추기, 양쪽 끝 맞추기, 가운데 맞추기 등이 있다. 한글 조판은 영문자 조판과 달리 단어 단위로 정렬(문단의 끝 맞추기)시키는 경우가 드물고, 음절 단위로 정렬시키는 것이 보통이다.

# 13
## 한글의 변형과 기울기

한글 글자는 같은 글자꼴이라도 그 글자꼴을 둘러싼 정사각형을 기준으로 좌우로 좁히거나 넓히거나 상하로 늘이거나 줄이거나 하여 그 모양을 변경시킬 수 있다. 또 정사각형(정체)의 밑변을 기준으로 135도, 45도 등으로 기울게 할 수 있다. 이렇게 기울어진 사체(좌사체, 우사체), 납작한 평체, 긴 장체로 구분하고, 기울어진 정도(우사1, 우사2), 납작한 정도(평1, 평2), 긴 정도(장1, 장2)에 따라 더 세분되기도 한다.

눈에 보이지 않는 가상의 정사각형 틀 안에 그려진 밑그림(정체의 원도)의 형태를 100%(좌우 100%, 상하 100%)라고 정하고, 옆으로 가로길이가 줄어들면 날씬한 장체, 옆으로 %가 늘어나서 가로길이가 길어지면 뚱뚱한 평체라고 부른다. 그러나 원래 의미의 평체는 정체의 상하 높이를 줄여서 납작한 형태가 된 것을 말한다. 좌우로 확대/축소한 것은 상하 높이는 그대로 두고 좌우 폭만 변형시키는 것이다.

정체의 글자가 기울어진 상태의 변형체를 사체(경사체)라고 하는데, 오른쪽으로 기울어진 것을 우사체, 왼쪽으로 기울어진 것을 좌사체라고 한다. 기울기를 %나 각도로 구분한다. 0도나 0%는 기울어지지 않은 정체를 나타내고, 오른쪽으로 30도가 기울어져 있으면 30도 우사체, 왼쪽으로 50도 기울어져 있으면 50도 좌사체라고 부른다. 사체는 정체에 비하여 운동감이 느껴진다. 일러스트레이터 프로그램에서도 + 각도를 주면 우사체, − 각도를 주면 좌사체로 변한다. 일반적으로 사체 지정은 각도나 % 대신에 기울기의 정도에 따라 좌사1, 좌사2, 좌사3, 우사1, 우사2, 우사3 등으로 구분한다.

한글 글꼴에는 정사각형의 원도에 그려진 모습 그대로의 정체와 이 정체를 폭을 좁게 하거나, 높이를 낮게 하거나, 기울이거나 하여 원도의 모습을 변하게 만든 변형체가 있다. 변형체에는 장체, 평체, 사체 이외에도 음영체, 윤곽선체 등이 있다.

책의 본문을 한글 활자로 조판할 때는 한 페이지(글자 블록)의 구조 표현 요소인 행장, 행간, 자간, 단 수, 정렬 등이 미려도와 읽힘성에 영향을 주는 중요한 요소가 된다. 책의 크기(판형)가 정해지면, 한 페이지에 한글 몇 자를 한 줄에 조판하고, 한 페이지에 몇 줄을 넣을 것인가를 고려한다.

한 줄에 몇 자를 쓰느냐를 정했으면 줄과 줄 사이를(행간을) 얼마나 띄어야 하는가를 정해야 한다. 줄과 줄 사이에 공간이 없으면 100% 행간이다. 보통 정상 행간이라고 할 때는 줄과 줄 사이의 간격이 글자 크기(높이)의 60%일 때를 말하는 160% 행간을 말한다. 원칙적으로 조판에서 이야기하는 행간은 줄과 줄 사이의 여백을 말하는 것이 아니고, 줄에 있는 활자의 높이에다 인텔(리딩)이라는 납조각의 두께를 합한 치수를 이야기하는 것이다. 정확히 말하면 수동식 사진식자기에서 말하는 행송이 행간을 뜻하는 것이다.

# 14

## 글꼴은 문화를 담는 그릇이다

출판용 한글 글꼴은 한글을 사용하는 민족의 문화를 담는 그릇이다. 말과 글은 뜻을 다른 사람에게 전달하는 역할을 한다. 말과 글이 상대방에게 정확한 뜻을 전하기 위해서는 상대방의 문화에 가장 적합한 말과 글을 사용해야 한다. 그 상대방(출판에서는 독자)이 한국 문화에 익숙한 사람이라면 한국말과 한글을 사용해야 할 것이며, 영어문화권에 속한 사람이라면 영어와 영문자를 사용해야 할 것이다.

한국 문화권에 속한 한국인에게 시간과 공간을 초월하여 뜻을 전달하는 출판에서는 당연히 한글을 사용하는데, 이때 한글의 글꼴 모양이 매우 중요한 역할을 한다. 한자 같은 표의문자보다 한글 같은 표음문자는 처음 배우기가 쉽고, 읽기에

편한 장점이 있는데, 글꼴의 조형이 제대로 되지 않은 경우에는 읽기에 편하다는 장점을 잃을 수 있다. 특히, 한글 본문체 글꼴(body text type font, serif, 바탕체)은 음절 단위로 아름다워야 할 뿐 아니라 단어, 문장, 문단, 글, 책 단위로도 아름다워야 한다.

무엇보다도 중요한 것은, 종이책용 한글 글꼴이든 TV화면용 한글 글꼴이든 전자책 화면용 한글 글꼴이든 한글의 표현은 한글 사용자의 나라인 한국의 문화와 한국인의 철학이 담긴 한글 글꼴을 사용하여야 한다는 것이다.

군사 쿠데타 정권이나 군사정권이 무서운 것은 정신적인 것과 문화예술 산업과 학문 분야에 취약하여 그 민족과 그 나라의 발전을 저해한다는 것이다.

우리나라가 저작권을 갖고 있는 한글 글꼴은 몇 가지나 있는가? 간판 글자나 포스터용 글자 등 그래픽용 글꼴은 많이 개발되어 있으나, 책 한 권을 전부 다 조판할 수 있는 글꼴 1만 1,172자 전부가 한 벌로 개발된 글꼴(서체)은 아주 드물다. 한글 글꼴을 개발하려면 원도(밑그림, 본그림) 개발 과정과 폰트디자인(typeface design) 과정, 디지털 폰트 개발의 3개 과정이 필요하다.

문화부에서는 1991년 7월 5일 '한글서체개발위원회'를 구성하고, 초/중/고등학교 국어 교과서를 중심으로 제1차년도 개발 한글 글자(낱자와 낱내 글자) 조사를 두 달간 실시하고, 1991년 10월 1일 '한글서체개발연구진'을 확정하여 우리의 소유권이 있는 한글 글꼴 개발에 착수하였다.

1991년에 문화부에서 임명한 한글서체개발운영위원에는 출판계, 인쇄계, 학계, 관계 등 당시 각 분야의 대표가 망라되어 있었다.

김낙준(대한출판문화협회장), 김석득(연세대 대학원장), 김일근(건국대 명예교수), 박병천(인천교대 교수), 박용진(교육부 장학편수실장), 박종국(세종대왕기념사업회장), 박충일(대한인쇄문화협회장), 손보기(단국대 초빙교수), 송현(한글기계화추진위원회장), 안병희(당시 국립국어연구원장), 이기성(계원예술대 교수), 이상욱(가톨릭의대 안과 교수), 정덕용(문화부 어문출판국장), 최정순(한글서체디자인개발연구원장), 허웅(한글학회 이사장), 홍윤표(단국대 교수)의 16명이 운영위원으로 임명되어 문화부 한글 글꼴의 밑그림을 완성했다.

교과서 본문용 한글 글꼴(문화바탕체)을 기획할 때 목표로 삼은 10가지 유의점은 다음과 같다.

① 한글 위주 조판용

② 가로쓰기 전용

③ 가독성(일정한 크기, 착시 고려)

④ 변별성(공간의 넓힘과 획의 명확함)

⑤ 차밍포인트 활자의 크기

⑥ 인쇄 용지 및 인쇄 방식

⑦ 미려도

⑧ 심리성(온화하고 끈기가 있도록 온화한 곡선 처리)

⑨ 시력 보호(피읖, 치읓 등 자소의 사이 띄기)

⑩ 경제성(폰트 제작 시 릭스절충형 채택)

　출판물에서 가장 많이 사용되는 글꼴인 바탕체와 돋움체의 원도를 기획하고 디자인한 한글서체개발연구진의 연구원에는 연세대의 홍윤표 교수와 계원대의 뚱보강사 이기성 교수, 그리고 세종기념사업회의 박종국 회장의 3명이 확정되었다. 3명이 디자인한 한글 글꼴의 원도를 그린 사람은 한글 서체 연구가인 최정순과 뚱보강사 이기성이었다. 2,350자는 최정순이, 8,822자는 이기성이 원도를 그렸다.

　1991년 12월 14일 학계, 출판계, 인쇄계, 문화계 인사 약 110명이 참석한 가운데 한글 글자체 표준 본그림/원도에 관한 공청회를 개최하였고(본문체), 1년 뒤, 1992년 12월 1일에는 한글서체개발운영위원회에서 한글 네모체(돋움체) 글자본 제정 기준을 확정하고, 1992년 12월 16일에는 옛한글 글자본제정기준 및 문장부호제정기준을 확정하였다.

이렇게 완성된 한글 글꼴을 한글 폰트 검토위원의 검토 결과에 따라 문화부 글꼴의 아날로그 상태인 원도를 디자인하여 디지털 상태인 폰트로 개발한 것은 뚱보강사 이기성이었다. 한글 문화돋움체의 원도는 최정순과 이기성이 자의대로 제작한 것이 아니고, 16명의 한글서체개발운영위원과 한글서체개발연구진이 내린 결정에 따라서 원도를 제작하고 수정한 것이다.

폰트 개발 연구진은 이기성과 한국전자출판학회의 손애경 박사를 비롯한 4명이었다. 문화돋움체의 원도를 디지털 폰트 상태로 바꾸는 작업 역시, 뚱보강사 이기성 혼자서 자의대로 제작한 것이 아니고, 폰트 검토위원의 검토 결과에 따른 것이다.

폰트 검토위원 역시 우리나라의 폰트 개발이나 타이포그래피의 대가였던 김장실, 최진용(문화부 어문과장), 김진평(서울여대 교수), 박영실(한국편집아카데미 원장), 박종국(세종대왕기념사업회장), 박창수(국정교과서 편집과장), 박충일(대한인쇄문화협회장), 윤종목, 김상구(서울시스템 실장, 이사), 이기성(계원예술대 교수), 이승구(대한교과서 전무), 정준섭(교육부 연구관), 최정순 (서체개발연구원 원장), 한성동(동아출판사 서체개발실 부장)의 14명이었다.

1991년부터 수년에 걸쳐 문화부에서 한글문화바탕체, 한글 문화돋움체, 한글문화바탕제목체, 한글문화돋움제목체, 한글 문화쓰기정체, 한글문화쓰기흘림체를 개발하고 한국 국민에 게는 공짜로 제공하고 있다. 아래아한글에서 [모양]-[글자모 양]-[언어]에서 '한글'을 고르고 [한글 글꼴]에 가면 문화바탕 체부터 문화쓰기체까지 사용할 수 있다.

[참고] www.hangeulmuseum.org, 디지털한글박물관 홈페이지의 [조형예술관], 2008. 6. 25.

## 15

# 한글 타이포그래피

책의 본문을 조판할 때의 한글 타이포그래피 요소를 살펴보면, ① 한글 활자의 구조(한글 음절 한 글자의 크기, 높낮이, 자소의 크기, 자소의 위치, 줄기의 두께, 속공간의 거리, 자소의 모양 등) ② 한글 활자의 느낌과 표정(모양, 색상 등) ③ 용도(본문용, 제목용, 장식용 등) ④ 조판된 결과의 문장(글자 블록)의 구조 표현(자간, 행간, 단 길이, 단 간격, 조판 형식 등) ⑤ 각종 약물(꽤, 괄호, 테두리장식, 부호, 기호, 우메구사, 무늬 등)의 효과적 사용 등이 있다.

영문자 같은 로만 알파벳 문자는 한글이나 한자처럼 자소나 획의 위치가 변하는 글자가 아니기 때문에 수평선에 나란히 줄 세우는 이상의 배치를 할 수가 없어서 단어에서 'amend'처럼 a 자소가 앞에 오나 'cat'처럼 a 자소가 가운데 오나 a 모양과 크기가 일정하다. 그렇지만 한글은 '강'의 ㄱ 자소 모양과 '고'의 ㄱ 자소 모양은 세로줄기의 모양과 아래로 내려오는 각도가 달라진다. 뿐만 아니라 ㄱ 자소의 크기도 달라진다. 한글 한 글자는 그 글자를 구성하는 자음자소와 모음자소가 조형원리에 맞추어 조화롭고 아름답게 배치되어 있는 것이다.

한글 음절은 초성, 중성, 받침이 모여진 것이다. 한글 글자 (음절의 글꼴)는 네모 모양의 상자 안에 들어 있다. 초성/중성/받침의 자소가 눈에 보이지 않는 가상의 네모상자 안에 들어감으로써 초성 자소(자음), 중성 자소(모음), 받침 자소(자음)의 크기와 모양이 음절에 따라서 작아지고 변화한다.

눈에 보이지는 않지만 가상의 네모틀이 그려져 있다고 생각하고 그 안에다 자소를 배치하는 한글 음절의 구성 기술이야말로 예술이고, 따라서 한글 글자를 읽지 못하고 글자의 뜻을 이해하지 못하는 외국인이라도 아름다움을 느낄 수 있게 한다.

예를 들어 러시아 문자나 페니키아 문자, 슈메르 문자를 자기가 해독하지 못할 경우에 그 글자는 무늬나 장식그림이나 다를 바 없다. 그러나 무슨 뜻인지는 몰라도 그 글자가 '아름다우냐, 아니냐' 또는 '기쁜 기분이 드느냐, 슬픈 기분이 드느냐'하는 것을 느낄 수는 있다.

따라서 일정한 가상의 네모틀 안에서 자음 자소와 모음 자소를 조형원리에 맞추어 배치하고 크기를 변경하고 모양을 바꾸고 속공간의 거리를 조정하는 작업이 바로 예술작업이고 한글 음절 한 글자 한 글자가 모두 미술작품에 해당하는 것이다. 그러므로 서구의 추상표현주의가 아니더라도 한글을 티셔츠 같은 옷에다 그리고 가방에다 무늬나 그림으로 그려 넣고 벽지에 무늬로 사용하는 것이 하나도 이상하지 않은 것이다.

일반적으로 한글 음절의 글자꼴(typeface) 분류는 10가지의 범주로 구분하는 방법을 많이 사용한다.

바탕체(본문체/붓체), 돋움체(네모체/훈민정음체), 제목체(헤드라인체, 타이틀체), 디자인체(그래픽체/장식체), 서예체(손글씨체), 외국어표기체(외래어표기체), 쓰기체(필기체), 탈네모틀체(탈네모꼴체/빨래줄체/샘물체), 풀어쓰기체(푸러쓰기체), 기타체로 구분하는 것이다.

학술적인 견지에서는 한글의 글자꼴을 크게 네 범주로 나누기도 한다. 본문에 일반적으로 널리 쓰이는 본문체(바탕체), 본문에서 강조용으로 쓰이는 네모체(돋움체), 제목용으로 쓰이는 제목체(바탕제목체, 돋움제목체), 기타체(디자인제, 서예체 등)

의 네 가지로 나누는 것이다.

짐승의 털로 만든 부드러운 붓보다는 끝이 딱딱한 새날개의 깃이나 펜(펜촉)을 필기도구로 많이 사용하던 유럽에서는 로만 알파벳을 돌기의 유무에 따라 세리프체(serif, 돌기체, 본문체)와 산세리프체(sans serif, Gothic, 네모체, 훈민정음체)로 크게 구분하는데 한글 글꼴도 같은 방식으로 분류할 수 있다. 이 밖에도 인쇄출판용 활자인 판본체와 많은 수의 평민이 사용하던 민체, 여성적인 글꼴인 궁체로 구분하기도 한다.

결론적으로, 한글은 오랜 기간 붓을 필기도구로 사용하여 써왔으므로 깃털이나 펜 같은 딱딱한 필기도구로 써온 로만 알파벳과는 글꼴 모양이 다를 수밖에 없다. 한글도 진흙이나 돌에다 딱딱한 막대나 칼로 쓰면 종이에다 붓으로 쓸 때와는 다른 형태가 나타날 것이다.

따라서 종이와 접촉하는 끝부분이 딱딱한 필기구를 사용할 경우와 끝부분이 부드러운 필기구를 사용할 경우의 그려진 글자 모양에 대한 평가 기준은 달라야 한다. 뿐만 아니라 먹을 사용할 때와 잉크를 사용할 때에도 서로 종이에 번지는 정도가 다르다. 한지와 화학펄프지의 차이에 따라서도 글꼴의 모습과 느낌은 서로 달라질 수 있다. 그럼에도 불구하고 한글 타이포그래피를 로만 알파벳 타이포그래피의 조형 원리에 맞추어 생각한다면 이는 크게 잘못된 일일 것이다.

또한 글꼴이 추구하는 철학과 메시지는 있지만 가독과 판독 위주의 인쇄출판용 활자(기계, 예술 중심 활자)와 철학보다는 표정, 감정 표현 위주의 감성글자인 손멋글자(손예술 중심 활자)와는 차이가 있을 것이다.

[참고] 본문체 = 바탕체 = body text type, serif (※명조체라는 용어는 일본인이 만든 말이므로 사용하지 말아야 한다.)

## 16 캘리그래피와 서예체

한글이나 한자는 한 글자 한 글자가 가상의 네모 형태 안에 들어 있는 예술작품이라 글자의 예술이라는 서예가 존재한다.

캘리그래피는 글자를 아름답게 쓰는 기술로 일반적으로 활자에 의하지 않은 글꼴(서체) 또는 서예, 서도를 의미한다. 기호나 상징을 기계 따위를 이용하여 나무나 돌에 새긴 경우는 보통 '레터링'이라고 부르지만, 캘리그래피는 원래 레터링과 다르게 원칙적으로 자와 컴퍼스 등의 도구를 사용하지 않고 손으로 작업하는 것을 뜻했다.

캘리그래피(calligraphy)는 주로 우리나라, 중국, 일본, 이슬람 문화권에서 회화와 서체가 거의 구별되지 않은 상태에서 손멋글자는 물론이고 문자예술의 경지인 서예(서도)로 발전하였다.

로만 알파벳 글자는 자소의 위치와 크기와 모양이 일정하였기에 서양의 캘리그래피는 문자를 아름답고 고상하며 멋있게 손으로 쓰는 손멋글자(육필체, handwriting, penmanship)로 발전하였다.

　한국에서는 일반적으로 캘리그래피를 서예체와 손멋글자체의 두 가지 의미로 사용한다. 손멋글자 쓰기나 서예나 둘 다 사람 손으로 직접 쓰는 글자이다. 그러나 한글/한자 문화권에서는 같은 글자라도 필기용으로 쓰는 필기체(쓰기체) 디자이너와 달리 예술작품의 경지에 도달한 글자를 쓰는 김기승, 김충현, 서희환 선생 같은 분들은 서예가로 존경받는다.

　한글 글자(음절 한 개 한 개씩)의 디자인은 네모틀 안에 들어가는 형태와 일정한 네모틀 윤곽(정사각형)을 벗어나서 자유롭게 생긴 탈네모틀 형태 디자인으로 크게 분류할 수 있다. 네모틀 글자꼴에는 본문체(바탕체), 네모체(돋움체), 제목체, 디자인체(그래픽체), 서예체, 쓰기체(필기체/육필체), 외래어(외국어)표기체, 풀어쓰기체와 기타체가 있다.

　한글 캘리그래피는 서예체, 쓰기체, 궁서체, 손멋글자체의 네 가지를 다 아우르고 있다고 볼 수도 있다. 좁은 뜻의 캘리그래피 글꼴은 한글 서예체 활자와 쓰기체 활자의 중간에 속한다고 볼 수 있다.

손멋글자라도 지적디자인에서는 한글 글자를 쓰는 원칙을 중시한다. 문화부에서 정한 한글 쓰는 원칙과 디자이너 각자가 나름대로 만들어 쓰는 규칙(디자인 알고리즘)을 비교하여 잘잘못을 평가하는 것이 지적디자이너의 큰 임무이다.

지적디자인용 분류법으로 손멋글자체는 '지읒 모양', '워 모양', '유 모양'의 세 가지 음소 모양(꼴)을 기준으로 대분한다. ① 지읒 모양 분류는 지읒 모양이 3획(ㅈ)인 것을 1(그룹-1)로, 2획인 것을 2(그룹-2)로 구분한다. ② 워 모양 분류는 어 모음이 우 모음보다 내려온 것(ㅝ)을 a로, 올라간 것을 b로 구분한다. ③ 유 모양 분류는 유 모음의 왼쪽 세로줄기가 왼쪽으로 삐친 것을 1로, 세로줄기가 똑바로 내려온 것(ㅠ)을 2로 구분한다.

세 음절(지읒, 워, 유)-손글씨-장원균 비교

| 지읒 모양 구분(1,2) | | 워 모양 구분(a,b) | | 유 모양 구분(1,2) | |
|---|---|---|---|---|---|
| 1(그룹-1)<br>3획의 지읒<br>(딸기체) | 장 | a<br>어 모음이<br>우 모음보다<br>내려옴<br>(MOONG1체) | 원 | 1<br>유 모음의<br>왼쪽 세로줄기<br>가 왼쪽으로<br>삐침<br>(휴먼편지체) | 균 |
| 2(그룹-2)<br>2획의<br>지읒<br>(양재둘기체) | 장 | b<br>어 모음이<br>우 모음보다<br>올라감<br>(한글아씨-청둥오리체) | 원 | 2<br>유 모음의<br>세로줄기가<br>똑바로 내려옴<br>(지희체) | 균 |

손멋글자체 글꼴이라 하더라도 출판용이나 인쇄용 폰트로 사용하기 위해서는 폰트 제작 시 활자의 지적디자인과 미적 디자인의 기본 원칙을 따라야만 업계에서 유용하게 사용할 수 있다.

한글 활자의 모습이 '예쁘냐, 미우냐'보다 더 중요한 것은 한글을 '맞게 썼느냐 틀리게 썼느냐'였다. 한글 폰트는 아름다운 글자 모양만으로 실무업계에서 선택받는 것이 아니고, 디자이너가 음절 모양을 기획하고 구성할 때 1991년에 '한글서체개발운영위원회'의 추천으로 문화부에서 제정한 '한글 글자본 제정 기준'을 지켜야 된다.

출판용이나 인쇄용 폰트는 글꼴 모양이 아무리 미적으로 아름답다 하더라도 글꼴의 기본 모습(글꼴 쓰는 원칙)을 파괴하면 안 된다. 한글 활자는 서예가나 디자이너의 재량이 무한대로 허용되는 것은 아니다. 반드시 문화부에서 발표한 '한글 글자본 제정 기준 총칙'에 허용된 범위 이내에서 한글 활자의 글꼴을 디자인하고 제작하여야 할 것이다.

# 17

## 한글과 정음문자는 시청각 글자

인류의 문화가 말하는 구술문화에서 쓰는 기술문화로 발전해 왔다고 이니스(A. Innis), 데리다(J. Derrida), 맥루한(M. McLuhan)은 주장한다. 구술문화는 청각문화이고, 기술문화는 시각문화이다. 글자가 개발되기 전까지의 인류는 말(언어)에 의하여 의사전달을 하였고, 이는 공동체 구성원 전원이 같은 말을 사용하였고, 같은 말을 이해할 수 있었기 때문이다. 그러므로 글자가 없고 말만 사용하는 사회에서는 전 구성원의 지식이 같을 수 있었으나 글자(문자)가 개발되고부터는 글자를 아는 부류(미디어리터러시 층), 즉 일부 특권층만이 지식을 독점하는 사회로 변화하여 왔다.

문화의 보관과 계승은 글자로 가능하므로 글자를 '문화를 담는 그릇, 문화를 보관하는 그릇'이라고도 한다. 그러므로 그

룻인 글자의 좋고 나쁨이 문화를 정확하게 전승하는 데 기준
이 될 수 있다. 한글은 자소(알파벳)문자이면서도 한 단계 더
발전한 음소문자이다. 음소는 바로 구술문화의 기본이 되는
것으로 한글은 자소언어의 시각적 기술문화에다 음소가 조합
하여 음절을 이루는 청각적 구술문화를 겸한 글자이다. 음소
문자이면서 음절(구술)문자이므로 한글은 보는 글자이면서 한
글자(한 음절) 자체가 들을 수 있는 소리를 갖고 있는 시청각적
글자이다.

　세간에서 현대를 전자매체 시대, 인터넷 시대, 디지털 시
대, 누리소통망(SNS) 시대라고들 말한다. 현대는 시각과 청
각을 둘 다 사용하는 멀티미디어 시대이다. 특히 원하는 곳을
순서대로 찾아가지 않고 한 번에 찾아가는 방식인 하이퍼텍스
트 방식을 사용하는 인터넷은 글자, 사진, 그림, 동영상, 소리
를 골고루 사용하는 시청각문화의 대표적인 멀티미디어 의사
소통(커뮤니케이션) 방식이다.
　원래의 시각문화는 여러 곳을 동시에 볼 수 있는 문화였으
나 글자의 개발은 글자와 단어, 문장과 문장을 따라서 순서대
로 읽어가는 방식의 순차적(차례차례로) 방식의 문화로 변화시
켜 시야를 좁게 만들었다. 한 쪽(페이지)을 스캔하듯이 통째로

보는 것이 아니라 글자를 찾아서 글자를 주로 읽는 것이다. 무의식적으로 시선이 자기가 아는 글자를 따라간다. 종이책을 볼 때는 맨 앞부분에 차례가 있어 여기에 쪽번호가 있고, 해당 쪽번호를 펴서 찾아보려는 곳으로 이동한다. 이렇게 한 번에 원하는 곳으로 이동하는 방식을 하이퍼텍스트 방식이라 하고, 차례를 보지 않고 300쪽 분량의 책을 1쪽부터 순서대로 넘기면서 원하는 쪽을 찾아가는 방식을 순차적 방식이라 한다.

인터넷에서는 원하는 곳으로 바로 가려면 해당 단어나 그림에다 마우스의 화살표 커서를 갖다 대어 화살표 모양이 손바닥 모양으로 바뀌면 마우스의 단추를 다닥 눌러서 한 번에 보고 싶은 곳으로 이동할 수 있다. 이렇게 손바닥 모양으로 바뀌는 것은 인터넷 홈페이지를 만들 때 프로그램 짜는 사람이 미리 준비해 놓았기 때문인데 이것을 하이퍼텍스트 연결 방식이라 한다.

따라서 인터넷 홈페이지에서도 메뉴에 나오는 모든 단추를 하나하나씩 순서대로 눌러서 찾아보는 순차적 방식과 원하는 단어(커서 모양이 손바닥으로 모양이 바뀌는)를 다닥 눌러서 바로 원하는 단어의 내용으로 찾아가는 하이퍼텍스트 방식의 두 가지를 다 사용할 수 있다. 그러나 보통 사람들은 빠르고 편리

한 하이퍼텍스트 방식을 주로 사용하기 마련이다.

또한 컴퓨터통신(pc통신)이나 인터넷의 채팅에서 많이 사용하는 그림글자인 이모티콘이나 개인용 컴퓨터 운영체제 프로그램인 윈도우나 맥의 OS프로그램의 손톱그림글자(아이콘)의 등장은 글자를 아는 특권층이 아니더라도 구술 시대처럼 모든 사회인이 공동으로 사용할 수 있는 것이다. 이모티콘이나 손톱그림글자 등 그림문자의 등장과 하이퍼텍스트 방식의 내용(콘텐츠/스토리) 표현은 글자를 사용하는 기술문화에서의 지식 독점을 어느 정도 막을 수도 있는 것이다.

## 18

# 전자책의 한글 활자와 착시현상

비종이책용 한글 활자는 착시에 더 신경을 써야 한다. 전자책의 본문 활자는 모니터 화면으로 보는 특성상 종이 매체만큼 안정성이 좋지 못하여 기존 종이책용 활자와 달리 글꼴이나 자소의 굵기에 변화가 있는 활자가 필요하다.

모니터 화면상의 글자는 형광등과 같이 정지 상태로 보이지만 사실은 아주 짧은 시간의 보임과 아주 짧은 시간의 안 보임이 반복되어 보이는 것으로 너무 빠르게 깜빡거려서 마치 정지해 있는 글자로 착각되는 것이다. 모니터용 본문체 활자는 돌기가 있는 것보다 돌기가 없는 네모체 형태로서 줄기의 끝부분을 둥글게 제작한 둥근네모체인 굴림체(마루고딕) 같은 형태가 부드럽고 크게 보인다.

출판계는 물론 인쇄계에서도 모니터 화면에서 까망 바탕에 하양 글자나 초록 바탕에 흰글자, 파랑 바탕에 흰 글자 또는 파랑 바탕에 주황 글자를 쓰는 등, 눈이 쉽게 피로하지 않고 명확한 글자를 보여주려고 노력했으나, 결국은 종이 위에 인쇄된 글자처럼 흰 바탕에 까망 글자를 쓰는 것이 추세로 되었다. 특히 워드프로세서나 지면배치 프로그램에서 그렇다.

흰 종이에 까망 글자를 쓴 것을 멀리서 쳐다보면 회색으로 보인다. 수천 년간 흰 한지에 까망 먹으로 써 온 것 역시 같은 이치라 볼 수 있다. 흰색에 까망 글자, 멀리서 보면 까망 점, 이것을 더 멀리서 보면 흰색에 까망 블록, 좀 더 멀리서 보면 흰색과 까망이 합친 회색톤으로 나타난다. 즉 까망 글자와 하양 종이는 서로 합쳐서 인간의 눈에 필요한, 균형이 잡힌 평형 상태를 이루어 왔다.

그러나 같은 평형 상태라 하더라도 종이 위의 글자는 고정되어 움직이지 않으나, 모니터 화면의 글자는 쉴 새 없이 번쩍거려서 심리적으로 안정성이 부족하기 쉽다. 화면에서는 매우 짧은 시간 내에 꺼짐과 켜짐이 반복되면, 그냥 보아서는 고정된 글자로 보인다. 그러나 모니터 화면 앞에 손을 대고 손을 좌우로 흔들어 보면 형광등 불빛 아래서와 같이 여러 개의 형상이 중첩되는 현상을 발견할 것이다. 비종이 매체용 글꼴 디자인에서는 잔상이 눈에 미치는 영향을 크게 고려하여야 한다. 같은 색의 진동으로 인한 잔상뿐 아니라, 컬러일 경우에 눈이 느끼는 잔상은 그 글자의 실제 색과 다를 수도 있다는 점을 신경 써야 한다.

최종 인쇄매체가 종이인 종이책에서는 정지된 글자와 정지된 문장만 사용하여 조판을 할 수 있었다. 그러나 출력매체가 디스크인 디스크책이거나 통신망에 연결된 화면인 화면책인 경우(전자책)에는 정지된 글자는 물론 움직이고, 색이 변하고, 크기가 변하게 조판을 할 수 있으므로 동적 타이포그래피 분야도 계속 발전하여 나갈 것이다.

# 19

# 릭스 판면율과 언원 판면율

한 페이지 내에서 상하, 좌우로 얼마나 여백을 주는가에 따라서 조판 상태의 아름다움이 달라진다. 이 미려도는 본문 조판의 판면율과도 직결된다. 즉, 여백에 따라 판면디자인이 달라지는 것이다. 조판되는 한 페이지에는 상하 좌우에 여백이 필요하다. 이 여백은 쓸데없는 공간(space)이 아니다. 아름다움과 가독성을 높이기 위해 필요한 공간으로 화이트 스페이스(white space)라고 한다.

화이트 스페이스를 사용하느냐 안 하느냐 하는 여부가 한국화와 서양화를 구별하는 특징 중의 하나가 되기도 한다. 뚱보강사도 초등학교 다닐 때 미술 시간에 도화지에 하늘과 땅을 전부 다 색을 칠하지 않으면 미완성이라고 주의를 받았다. 크레파스로 빈 곳이 없이 다 칠해야 그림이 완성되었다고 아시던 선생님. 서양식 미술 교육의 영향이었다. 한국화는 여백이 많아도 아름답기만 한 것인데…. 일부러 여백을 남긴다는 생각을 못하는 문화 탓이다. 서양에서는《오른쪽 두뇌로 그림 그리기》책을 저술한 캘리포니아 주립대학 베티 에드워즈 교수가 화이트 스페이스를 주장하기 전까지는 한국이나 중국 그림의 여백을 무의미한 공간으로 여겼다.

책 본문에서 판면의 천지좌우(天地左右) 여백의 비율을 판면율이라 한다. 고등학교 교과서 본문 조판에서 많이 사용되는 릭스(Leeks) 판면율은 천지좌우가 1.6대 1.4(루트2)대 1대 1의 비율이다. 릭스 판면율은 우리나라 교과서 출판 전통이 있는 ㈜장왕사에서 이기성이 개발한 우리나라 고유의 판면율이다.

릭스 교과서 판면율(고등학교 체육 교과서, 단위 : mm)

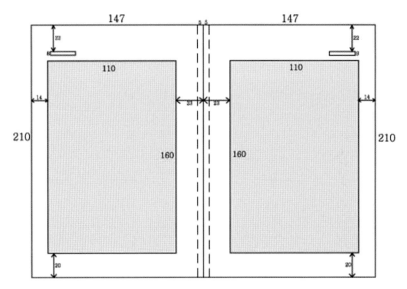

언윈(Stanley Unwin)의 판면율은 하늘보다 땅이 2배나 넓다는 것이다. 좌우 역시 오른쪽(바깥쪽)이 왼쪽(안쪽)보다 2배나 넓다. 천지좌우는 14mm, 28mm, 21mm, 10mm에 해당한다. 언윈은 1.5:2:3:4의 비율로 유명하다. 두 페이지를 펼쳐놓았을 때, 두 페이지의 가운데 화이트 스페이스(왼쪽 페이지의 오른쪽 1.5) 비율은 오른쪽 페이지의 왼쪽 1.5와 둘이 합쳐 3이 된다.

**언윈(Unwin)의 단행본 판면율(단위 : mm)**

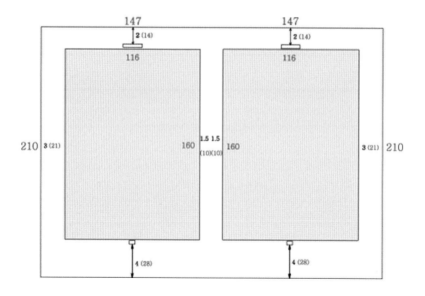

릭스 교과서 판면율과 언윈 단행본 판면율을 비교하면 동서양의 차이가 확연히 구분된다. 하늘이 땅보다 넓은 것이 릭스 판면 포맷이고, 땅이 하늘보다 넓은 것이 언윈 판면 포맷이다. 2개 중에서 안쪽으로 몰리고 위로 올라간 것(하늘이 좁은 것)이 언윈 판면 포맷이고, 전체적으로 편안하게 중앙쪽에 위치한 것이 릭스 판면 포맷이다.

판면의 넓이와 본문 공간의 넓이를 비교하면 고등학교 교과서나 서양 단행본이나 약 60%인 것을 알 수 있다.

릭스 판면율과 언윈 판면율 비교(단위 : mm)

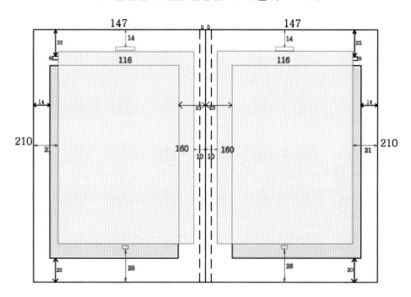

| 구 분 | 릭스 판면율 | 언윈 판면율 |
| --- | --- | --- |
| 천 | 1.6(22) | 2(14) |
| 지 | 1.4(20) | 4(28) |
| 좌 | 1(14) | 3(21) |
| 우 | 1(14) | 1.5(10) |
| 판면넓이<br>(본문공간) | 57% | 60% |

　한국의 판면율이 서양의 판면율과 달리, 하늘(천)이 큰 것,
즉 하늘이 넓은 것은 문화의 차이이기도 하지만, 네모 번듯한
글자 모양의 차이도 한 이유가 될 수 있다.

## 한글 자소의 명칭

정식으로 한글 글자꼴 연구를 하려면 먼저 그 명칭부터 제대로 알아야 한다. 한글 음절 글꼴의 각 부분 명칭은 크게 가로줄기와 세로줄기로 구분한다. 가로줄기는 위가로줄기, 가운데가로줄기, 아래가로줄기, 짧은가로줄기 등으로 세분하고 세로줄기는 세로줄기와 삐침세로줄기 등으로 세분하여 부르기도 한다. 짧은가로줄기는 점이나 꼭지점으로 부르기도 한다.

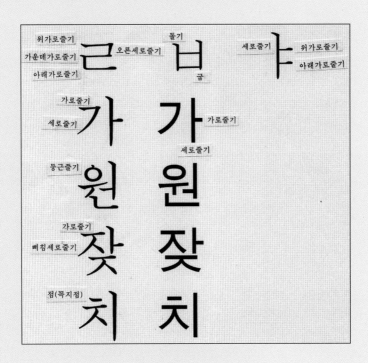

# 제3장

# 전자출판과 한글 코드

# 01

## 한국의 전자출판은 1987년부터

전자출판은 컴퓨터를 이용하여 출판 행위를 하는 것 (Computer Aided Publishing = CAP)이다. 즉 출판 작업에 컴퓨터를 사용하는 모든 출판 행위를 말한다. 종이책을 제작할 때 컴퓨터를 사용하거나, 전자책을 제작하는 행위가 전부 전자출판 행위이다.

전자출판은 그 최종 출력물(output media)을 기준으로 종이책 전자출판(paper book CAP)과 비종이책 전자출판(non-paper book CAP)으로 구분한다.

비종이책 전자출판에는 CD나 DVD책을 만드는 디스크책 전자출판(disk book CAP)과 인터넷 통신망을 사용하는 화면책 전자출판(network screen book CAP)이 있다. 디스크책이나 화면책을 ebook(전자책)이라 하는데 online book, file book, digital book, disk ebook, network screen book, network ebook이라고도 부른다.

종이책 전자출판에는 DTP, CTS, POD 등이 있다. DTP는 Desk(책상)에 Top(올려놓는) 크기의 컴퓨터로 출판하는 탁상출판(Desktop Publishing)을 말한다. 우리나라의 탁상출판(DTP)은 8비트급 개인용 컴퓨터를 사용하여 한글 원고 입력을 시작한 ㈜장왕사를 주축으로 1982년에 시작되었다. 당시 컴퓨터에 관심이 있던 출판사와 인쇄사 경영자들이 모여서 개인용 컴퓨터를 출판계와 인쇄계에서 어떻게 이용할 것인가를 연구했다.

이렇게 한국 출판사에서 전자출판이 처음 시작된 것은 1982년이지만, 신문에 보도된 것은 1987년이 최초이다.

1987년 11월 27일자 〈서울신문〉을 보면 '컴퓨터로 원고 작성·편집한 책 나와'라는 제목의 기사에서 영진출판사에서 발행한 책 《알기 쉬운 BASIC 프로그램 모음》이 DTP로 만든 국내 최초의 책이라고 소개하고 있다.

1987년 11월 23일자 〈경향신문〉에는 '퍼스컴으로 만든 책 국내 첫선'이라는 제목과 '원고 작성에서 교정·제판용 원도까지 완전 자동으로'라는 소제목의 기사에서 '애플과 IBM PC의 통신이라는 프로그램을 개발함으로써 DTP가 가능해졌다'라는 내용과 함께 16비트급 컴퓨터에서 DTP 사용 방식을 소개했다.

이 두 신문에서 보듯이 1987년 11월이 우리나라에서 한글 DTP가 최초로 이루어진 때이고, 최초의 DTP 실천 출판사는 영진출판사, 최초의 DTP 방식을 사용한 플랫폼 컴퓨터는 16 비트급 IBM PC였음을 알 수 있다.

국내 최초의 한글 DTP 방식의 책인 《알기 쉬운 BASIC 프로그램 모음》의 저자는 이기성과 탁연상의 2명이었다.

다음 해인 1988년 2월에 '한국전자출판연구회'가 설립되고, 1988년 10월에 국내 최초의 전자출판 개설서인 《전자출판》이 저자 이기성에 의해 영진출판사에서 DTP 방식으로 발간되었다. 〈동아일보〉 11월 8일자에 실린 기사에서는 '국내 첫 전자출판 개설서'라는 제목 아래 다음의 기사가 게재되었다.

국내 첫 전자출판 개설서로 책 자체도 전자출판으로 만들어진 책이 나왔다. 출판인이며 컴퓨터 전문가인 李起盛 씨가 펴낸 이 책은 《전자출판, 신문과 출판에서 컴퓨터의 이용》. 컴퓨터의 응용과 관련된 출판 분야의 모든 문제를 종합적으로 상세하게 다루고 있으며 원고 집필, 송고, 편집, 조판, 인쇄 과정이 모두 컴퓨터로 처리되었다. 이 책은 컴퓨터와 출판의 접목을 이론과 실제를 겸해 한눈에 볼 수 있다….

02

# 애플컴퓨터와 코카콜라

개인용 컴퓨터(이하 개인컴)의 최초는 1975년 미제 알테어 (Altair) 개인컴이다. 그러나 개인컴(PC)의 상품화에 성공한 것은 1976년에 설립된 애플컴퓨터 회사가 1977년에 본격적으로 시판한 애플(Apple-I)컴퓨터이다. 애플컴퓨터를 발명한 스티브 잡스는 1976년 당시 스물두 살의 대학생이었다.

학생 몇 명이서 사무실 빌리는 돈도 모자라 빈 차고를 싼 값에 얻고는 컴퓨터 키트(kit)를 사다가 조립해서 개인컴을 만들어낸 것이다. 이 개인컴은 중앙처리장치(CPU)로 8비트 마이크로프로세서(6502)를 사용했다.

그러나 조립에 성공하기까지 상당한 시간이 걸렸다. 그동안 집에서 몰래 가지고 나온 돈도 다 떨어져 가고, 고기를 사먹을 돈은 없고, 배는 고파서 값싸고 영양 많은 사과로 끼니를 때웠다. 채식주의자인 스티브 잡스도 몇 끼를 사과로 때우니 싫증이 날 수밖에.

차고 구석에는 한입 베어 먹고 버린 사과가 뒹굴고 있었다. 여러 번의 시행착오 끝에 발명된 컴퓨터, 이름을 무어라고 지을까 고민하다가 차고 구석에 있는 쪽 떨어진 사과들이 눈에 띄었다. 그렇지! 이 컴퓨터 이름은 사과(영어로 APPLE)이다. 지금도 애플컴퓨터 회사의 마크는 한입 먹고 버린 사과 모양이다.

1977년 미국에서는 애플-I 말고도 코모도어 회사의 PET 2001, 탠디-래디오쉑 회사의 TRS-80이 시판되었다. 일본에서는 1979년에 일본전기 회사의 PC-8001이 시판되었다. 일본에서는 PC-8001 이외에도 샤프 회사의 MZ가 개발되었다. 우리나라에서는 1981년에 삼보컴퓨터 회사가 최초로 일제를 복사한 SE-8001를 판매했으나 재미를 보지 못했다.

우리나라에는 미제 애플-II를 닮은(?) 개인컴 종류가 1983년부터 본격적으로 보급되었다. 삼보컴퓨터의 TG-20, 세운상가의 무지무지하게 많은 애플-II 호환기종들, 금성컴퓨터의 FC-100, 삼성컴퓨터의 SPC-1000 등이 국내 컴퓨터 사용자들에게 적당한(?) 값으로 개인용 컴퓨터의 맛을 볼 수 있게 해주었다.

미국에서는 애플컴퓨터 회사의 신화적 성장에 놀란 IBM컴퓨터 회사에서 1981년에 IBM-PC를 생산했으나 판매가 부진했고, 1983년에 IBM-XT를 개발하고부터 드디어 세계 개인컴 시장도 IBM컴퓨터가 석권하게 된다. 애플컴퓨터에서 반격에 나서 리자컴퓨터, 맥킨토시컴퓨터를 개발하지만 역부족이었다.

1990년 통계로는 개인컴 시장의 90%를 IBM-XT, IBM-AT, IBM-386과 호환기종이 차지하고 있고, 나머지를 매킨토시, 암스트라다, 코모도어, 아미가 등의 개인컴이 차지했다.

IBM-XT와 IBM-AT에 밀린 애플-II, 애플-II-E, 매킨토시 때문에 애플컴퓨터 회사의 운영이 어려워지자 스티브 잡스는 펩시콜라의 스컬리 사장을 영입한다. 기계 제작에는 자신이 있지만, 판매에는 자신이 없었던 것이다. 당시 독보적인 코카콜라를 무찌른 판매의 왕 스컬리를 모셔온 것이다.

그러나 학자적인 양심이 있는 스티브 잡스는 고가의 매킨토시 컴퓨터의 생산을 중단하고, 값싸고 좋은 개인컴의 개발을 원하지만, 판매의 귀신으로 자처하는 스컬리 사장은 광고만 잘하면 소비자는 믿고 산다는 경영 방침을 고수한다. 고가 정책을 유지하면 소비자는 더 좋은 제품인지 안다는 자신의 경영 철학을 주장한다.

창업자와 경영자의 마찰이 심하다가 드디어 1985년 4월 새로 온 경영자 스컬리가 1976년에 애플컴퓨터 회사를 창립한 스티브 잡스를 합법적으로 내쫓는다. 물론 당시 미국에서도 고용 사장이 창업주를 쫓아냈다고 비난이 일었다.

스티브 잡스가 빠진 애플컴퓨터 회사는 4년을 용케 버티다 1989년에 애플-II 기종의 생산을 중지하고 1990년에는 매킨토시 2기종을 생산 중단하며, 드디어 제가격받기(?) 정책을 시작한다. 스컬리 사장은 이를 가격 할인 정책이라고 한다. 100만 원(1,000달러) 이하의 저가 맥킨토시를 생산키로 결정한 것이다.

그러나 결국 전 펩시콜라의 사장이던 스컬리도 개인컴을 살 때와 콜라를 사먹을 때는 고객의 취향이 다르다는 것을 5년이 걸려서야, 그리고 애플컴퓨터 회사의 경영 위기를 맞고서야 깨달았던 것이다.

[참고] 미국의 애플컴퓨터 회사는 매킨토시 컴퓨터 이외에도 MP3 플레이어를 개발하여 한국의 아이리버, 한국의 삼성전자와 함께 세계 MP3 플레이어 제품 시장에서 1, 2, 3위를 달리고 있다.

# 한글 자판 표준규격을 바꾸자

"연중사, 빨리 좀 타자 쳐 와!"

김중령이 큰 소리로 부탁한다. 연중사 책상에는 타자를 칠 문서들이 수북이 쌓여 있다.

김중령 기안문서는 내용이 복잡하고 영문이 많이 섞여 있어 타자치기가 어렵다. 마침 연중사가 타자치고 있던 문서는 영문서류이다.

"내가 이 영문 서류 타자칠 테니 연중사가 김중령님 기안문서 좀 쳐주라."

몇 달 전에 임관된 이소위는 유엔군사령부와 육군본부에서 통역장교로 근무 중이다.

이소위가 연중사가 치던 영문 서류를 타자하고, 연중사는 순식간에 김중령의 기안문서를 완성한다.

1968년, 육군본부에는 정부 방침에 따라 한글타자기가 새로 보급됐다. 수정된 자판기준에 따라 네벌식 타자기가 들어왔다. 군대나 상업고등학교에서는 수정된 KS규정인 네벌식 자판을 가진 타자기로 교육을 받는다. 그러나 알오티시 출신인 이소위는 대학생 때 시중에 가장 많이 보급된 세벌식 타자기로 타자를 배운 것이다. 영문 자판은 한글 세벌식이나 한글 네벌식이나 같으므로 이소위가 영문 서류는 대신 쳐줄 수 있었다.

1960년대와 1970년대는 이와 비슷한 상황이 많이 있었다. 당시 회사에서는 공병우 세벌식 타자기와 김동훈 오벌식 타자기의 두 종류를 사용했다. 빠른 속도와 정확성을 자랑하는 세벌식 자판과 속도는 느리지만 글꼴 모양이 예쁜 오벌식 자판이 용도에 맞추어 사용됐으므로 상고에서도 두 한글 자판을 모두 교육시켰다. 그러나 정부에서 한글 자판 국가표준을 정한다고 새로 만든 것이 네벌식 자판이다. 공병우 세벌식의 장점인 속도와 김동훈 오벌식의 장점인 미려도를 골라서 자판을 만든 것이 아니고 속도도 느리고 한글 음절 모양도 예쁘지 않은 네벌식 자판을 제작한 것이다. 어쩜 이렇게 단점만 골라서 만들었는지 재주도 좋다. 당연히 이 네벌식은 사용자의 외면을 받았고, 못생긴 음절 모양에 속도까지 느린 네벌식 표준 자판은 군대나 정부기관에서 주로 사용되었다. 사실 한글에 관한 표준규격 제정은 문화부에서 주관한 한글폰트 표준 제정을 제외하고는 문제점이 많았다. 한글 자판 문제, 한글 코드 문제가 대표적인 실패작으로 평가된다.

이원익, 송기주가 한글 타자기 발명의 최초라면 가로쓰기 실용적 한글 타자기는 공병우가 최초 발명자라 할 수 있다. "이교수, 이교수는 뚱뚱하니까 매일 아스피린 한 알씩 드세요"라던 공병우 박사의 목소리가 귀에 아련하다. 공업진흥청이 주관한 컴퓨터용 한글 코드 표준규격이 잘못 제정되어 현대 맞춤법에 맞는 한글 음절 1만 1,172자 중에서 20%인 2,350자만 사용할 수 있도록 된 것을 한글 음절의 100%인 1만 1,172자 모두 사용할 수 있도록 고치라고 '한글 살리기 운동'을 할 때 인쇄와 출판산업 분야에서는 한국전자출판연구회(CAPSO), 한글 통신 분야에서는 엠팔(EMPAL), 한글과 국어국문학 분야에서는 국어정보학회, 한글과컴퓨터를 비롯한 컴퓨터 분야 그리고 한글 기계화의 태두 공병우 박사 등이 주동이 되어 1980년대 중반부터 대 정부 설득에 앞장섰다.

요새는 갤럭시폰과 아이폰의 한글이 같은 것이 당연하다. 한국산 노트북과 중국산 노트북의 한글 코드도 같다. 맥컴퓨터 한글과 삼성컴퓨터 한글 코드도 같다. 삼성컴퓨터 한글과 LG컴퓨터 한글이 같다. 그러나 1980년대는 맥컴퓨터 한글과 삼성컴퓨터 한글이 달랐고, 삼성컴퓨터, 현대컴퓨터, 금성(LG)컴퓨터, 삼보컴퓨터, 세운상가컴퓨터 한글이 각기 달랐다. '어느 컴퓨터나 어떤 단말기에서도 같은 방식으로 완전한 한글을 출력할 수 있는 한글 코드 제정'이 목적이었으므로 '디지털 시대의 한글 살리기 운동'의 성공은 개인용 컴퓨터는 물론 스마트폰에서도 현대 한글 음절 1만 1,172자를 모두 표현할 수 있게 하였다.

매일 더 진보된 모습으로 IT기기가 나타나도 우리는 수천 년 활자 역사가 있기에 콘텐츠가 무궁무진하다는 장점이 있다. 유구한 역사성을 지닌 우리 한글 활자가 스마트 모바일 기기의 지원 등 다양한 힘을 얻는다면 막강한 경쟁력을 가지게 될 것이다.


컴퓨터의 한글 자판 표준규격은 미국식 2벌식 자판이다. 자음 1벌과 모음 1벌로 구성되었다. 자판 왼쪽에 자음 1벌, 오른쪽에 모음 1벌. 미국식 자판을 따라서 한글 오타가 많이 나고 왼손 손가락과 왼손 손목에 무리가 갈 수밖에 없는 자판이다. 영어나 미국어는 받침이 없는 글자를 사용하므로 2벌식이면 된다.

그렇지만 한글은 성격이 다른 문자이다. 한국인에 적합한 한글 자판은 한글의 조성 원리에 맞는 초성 1벌, 중성 1벌, 받침 1벌의 3벌식 자판이다. 돌아가신 공병우 박사가 처음으로 고안해낸 자판이다.

한국 사람이 사용하는 글자는 한글, 영국/미국 사람이 로만 알파벳 글자를 빌려서 사용하는 것은 영문자, 일본 사람이 사용하는 글자는 가나이다. 컴퓨터가 사용하는 글자를 '코드(code)'라고 한다. 컴퓨터가 사용하는 한글은 한글 코드, 컴퓨터가 사용하는 영문자는 영문자 코드이다.

한글 코드에는 세 종류가 있다. 컴퓨터에 글자를 입력시키는 한글 자판 코드(한글 입력코드), 컴퓨터가 컴퓨터 내부에서 자체로 사용하는 한글 처리 코드, 사람 눈에 보여주는 한글 출력 코드이다. 한글 출력 코드는 한글 활자 코드나 한글 폰트 코드로도 불린다. 글꼴이나 서체로 불리는 것이 한글 출력 코드의 모습이다.

한글 출력 코드에는 2,350자 코드와 1만 1,172자 코드가 있다. 일반적으로 2,350자 코드를 완성형 코드라고 부르고, 1만 1,172자 코드를 조합형 코드라고 부른다.

그러나 자판 코드의 표준규격이 아직까지 제대로 된 규격이 제정되지 않고 있다. 1992년에 "이 교수, 한글 코드 표준규격을 한글 음절 1만 1,172자가 100% 다 구현되는 규격으로 바꾸는 데 성공했으니, 이제부터는 한글 자판 표준규격도 과학적인 세벌식으로 바꾸는 데 함께 노력하자"고 하신 공병우 박사의 말씀대로 한글 자판 표준규격을 과학적이고 인체공학적인 세벌식으로 개정하도록 한글을 사용하는 우리 모두가 적극 노력해야 한다.

# 남북한 한글 입력코드 통일작업

남북한 사이에 한글 입력코드 통일작업이 시급하다. 남북한 간 컴퓨터 한글 입력코드의 배열순서가 상당히 다른데 이는 앞으로 통일 후 남북한 간의 컴퓨터통신에 상당한 혼란을 가져올 수 있다. 남북 간 언어의 이질화 현상은 생각보다도 더 심각한 상황이고, 이는 컴퓨터에서 한글을 구현하는 방식에서도 똑같다.

남한은 자음 배열의 순서가 홑자음 'ㄱ' 다음에 쌍자음인 'ㄲ'이 오지만, 북한은 모든 홑자음이 끝난 다음에 'ㄲ' 'ㄸ' 'ㅆ' 'ㅉ'과 같은 쌍자음이 온다.

즉 북한에서는 홑자음 마지막인 'ㅎ' 다음에 쌍자음이 시작된다. 따라서 북한의 한글 입력코드는 '꿈'이 '학' 뒤에 '똥'은 오줌 뒤에 오기 때문에 남한과 북한의 컴퓨터 한글 입력코드가 다를 수밖에 없다. 통일이 됐을 때의 혼란을 막기 위해서라도 이에 대한 대책이 시급히 마련돼야 한다.

한국어정보학회 주최로 지난 1996년 중국 연변에서 열린 'Korean 국제학술대회' 때부터 북한 측 실무자와 함께 남북한 한글 코드 통일작업을 진행해 왔다. 그러나 차이점이 많아 공동 노력한다는 데는 인식을 같이했으나 구체적인 대안을 만들어내지는 못한 상태다. 한국어정보학회는 인간의 글자로서는 가장 많은 소리를 가장 비슷하게 표기할 수 있는 한글의 장점을 컴퓨터에서도 이어가기 위한 노력으로 국문학 분야에서 김충회, 서정수, 홍윤표 교수 등이 중심이 되고, 컴퓨터 출판 분야에서는 이기성, 한규면, 유경희, 진용옥 교수 등이 중심이 되어서 1990년에 설립한 학술 단체다.

1996년 8월 남과 북의 한글(조선글) 코드 합의안은 다음과 같았다.
① 현재 각기 사용하고 있는 2바이트 완성형과 2바이트 조합형 부호계는 그대로 둔다.
② ISO 2022를 따르면서 우리글을 제대로 지원할 수 있는 1바이트 조합형 부호계를 만들고 우리글 정보 교환용으로 쓰기로 한다.

③ 각 측의 부호계 변환 프로그램은 각기 만들어 쓰기로 한다.

④ 우리글을 좀더 폭넓게 지원할 수 있는 부호계를 지속적으로 공동 연구해 나가기로 한다.

⑤ 합의된 우리 글자 배열 순서에 따라 ISO 10646-1을 재배열하는 문제와 공동 명칭 문제는 구체적으로 연구 검토하여 제기한다.

한국의 2,350개 음절만 표현되는 KSC-5601-87 완성형 한글 코드와 1만 1,172개 음절이 표현되는 KSC-5601-92 조합형 한글 코드가 바로 2바이트 완성형과 2바이트 조합형 부호계에 해당한다.

북한에서는 '국규 9566-93'에서 2바이트 완성형 한글 코드용 완성자를 2개의 수준으로 지정하고 있다. 북한의 1수준은 2,420자로 한국의 KSc-5601-87의 2,350자보다 70자가 더 많다. 2수준은 1,743자로 1수준과 합하여 모두 4,163자의 완성자를 지정하고 있다. 그러나 북한의 개인용 컴퓨터의 운영체제에서 사용하는 한글 코드는 2바이트 조합형 방식을 택하여 한글 음절 1만 1,172자를 전부 다 표현해 낼 수 있다. 북한의 창덕 워드프로세서도 조합형 한글 코드를 사용한다.

9년 뒤인 2005년 8월 남과 북, 조선족, 미국교포가 참가한 가운데 중국 하얼빈에서 열린 '다국어정보처리 국제학술대회'에서는 남북 간에 약간의 진일보한 합의가 이루어졌다. 남북한 모두 현대 한글 1만 1,172자와 옛 한글까지 모두 표현할 수 있는 코드를 동일하게 표준으로 잡자는 것이다.

자음배열이 다를 뿐만 아니라 한글 모음배열에서도 남한과 북한이 서로 다르다. 남한이 'ㅏ ㅐ ㅑ ㅒ ㅓ ㅔ ㅕ ㅗ ㅘ ㅙ ㅚ ㅛ ㅜ ㅝ ㅞ ㅟ ㅠ ㅡ ㅢ ㅣ' 순서인 데 반해 북한과 중국은 'ㅏ ㅑ ㅓ ㅕ ㅗ ㅛ ㅜ ㅠ ㅡ ㅣ ㅐ ㅒ ㅔ ㅖ ㅚ ㅟ ㅢ ㅘ ㅝ ㅙ ㅞ'의 순서다. 예를 들면 '우유1, 양2, 앵두3'의 3개 단어 배열이 한국의 국어사전은 '앵두3, 양2, 우유1'의 순서로 가나다 배열이 되나, 북한과 중국 사전에서는 '양2, 우유1, 앵두3'의 순서로 배열된다.

남북한 간의 언어의 이질적인 현상이 심각한데도 이 문제에 대해 정부는 물론 학자들조차 관심을 많이 기울이지 않는 것이 참기 힘든 일이다. 현대생활은 컴퓨터 문서 사용이 일반화된 만큼 자음/모음 배열과 두음법칙, 컴퓨터 자판 부분의 통일이 무엇보다 선행돼야 할 것이다. 당시 컴퓨터 관련, 국어정보학 관련, 출판학 관련 학자들은 리발/이발, 롱구/농구 등 관련학계에서 상이점의 타협이 우선 필요한 '통일대사전' 편찬 작업은 전문가인 국어/국문학자들에게 위임했다.

또한 2008년 8월 북경올림픽에서부터 스포츠 중계 용어는 문지기/골키퍼, 구석차기/코너킥, 던지기/드로인, 반칙/파울 등 순수 우리말 용어를 사용하기로 합의하고 귀국했다. 그러나 정치적 여건에 의해 남과 북 학자들의 만남이 중단되고, 북경올림픽의 스포츠 중계는 골키퍼, 코너킥, 드로인, 파울 등으로 중계되고 말았다.

한글을 컴퓨터에 입력하는 부호(입력코드) 규격은 1987년에 공업진흥청이 한글 음절 2,350자만 표현되는 KS5601-87 규격을 발표하여, 현대 맞춤법에 맞는 1만 1,172개의 한글 음절 중 20%인 2,350자만 사용 가능하고 8,822자는 못쓰게 만들었다. 이에 민간 차원의 '컴퓨터에서 한글 살리기 운동'이 5년간 계속(1987~1992년)되었고 1992년에 공업진흥청에서 한글 음절 글자 1만 1,172개가 모두 표현되는 KS5601-92 규격을 추가로 발표하였다(ISO/IEC 2022 Information technology - Character code).

2015년 현재 ISO-10646 규격(유니코드 규격)에 의해 한글 음절 1만 1,172개를 모두 사용할 수 있으나 일부 IT 기업과 일부 컴퓨터 업체는 아직도 2,350자만 사용할 수 있는 규격을 따르고 있다. 통신동호회 엠팔, 전자출판학회, 컴퓨터 전문가, 국어국문학자, 인쇄출판학자, 출판계, 인쇄계, 국어정보학자 등 민간의 한글 구명운동으로 1만 1,172자를 살려냈으나 미국 애플 회사의 매킨토시 컴퓨터나 일부 폰트 제작업체와 행정전산망은 2,350자만 표현이 가능한 규격을 사용한다.

정부에서는 수년 전부터 행정전산망 등 정부 부처에서 한글 음절 1만 1,172자를 다 사용할 수 있는 유니코드 규격을 따르겠다고 발표는 하고 있으나 막상 현장에서는 아직도 2,350자만 표현이 가능한 규격을 따르고 있는 정부 부서가 많다.

[참고] 《타이포그래피와 한글디자인》, 이기성, 한국학술정보㈜
이기성, '콘텐츠와 디지털 출판', 글로벌사이버대학교 강의 노트
허정화, '남북 한글 입력코드 통일하자', 디지털타임스, 2007. 10. 9.
이지은 기자, 주간동아, 2005. 11. 1. People&People '컴퓨터 한글 입력코드 통일 작업'

# 05

## 킨들 이북과 로켓 이북

아마존닷컴은 2012년 9월 6일 미국 캘리포니아 주 산타모니카에서 개최된 매체 행사에서 전자 서적 리더인 킨들(Kindle)의 5세대에 해당하는 킨들 페이퍼화이트(Kindle Paperwhite)를 발표했다. 킨들 페이퍼화이트는 6인치 전자 페이퍼 디스플레이를 탑재한 것이 특징이다(e-ink display). 페이퍼화이트로 명명된 신형 디스플레이를 탑재하여 기존 모델 대비 해상도는 62%, 명암비는 25% 향상되었고, 반면 배터리 구동 시간은 더욱 길어졌다. 해상도는 화소 밀도 212ppi로 6인치 디스플레이 XGA(1024×768)급인 것으로 예상되고 있다. 기존 모델은 SVGA(800×600), 167ppi의 사양이었다.

이번 아마존이 발표한 킨들 페이퍼화이트는 6인치 전자서적으로서, 같은 카테고리에는 다수의 제품이 나와 있다. 아마존의 기존 모델인 킨들 터치, 경합 제품인 코보(kobo)의 코보 터치 및 프런트 라이트를 탑재한 코보 글로(Kobo Glo), 소니 RPS-T2, 반즈앤노블(Barnes & Noble)의 누크 심플 터치 위드 글로우라이트(NOOK Simple Touch with Glowlight) 등이 있다. 비교해 보면 본체 중량은 소니 RPS-T2가 가장 가볍고, 화면 해상도는 킨들 페이퍼화이트나 코보 글로가 XGA급으로 가장 높다.

출판은 교과서 출판, 단행본 출판, 잡지 출판, 신문 출판의 네 영역으로 크게 나눌 수 있다. 교과서 영역에는 초·중·고 교과서 이외에 학습 참고류도 포함된다. 이 네 가지 영역이 1990년 이후부터 전부 다 종이책의 한계를 넘어서 발전하고 있는 것이다. 남미 쪽 교포에게는 이어령 문화부장관 시절에 이미 CD-ROM에 한글 국어 교과서를 담은 디스크(disk) 교과서가 제공되었고, 이는 비영어권 교포 사회에서 폭발적인 인기를 얻었다. 현지 교포 2세나 3세의 한국어 발음이 정확치 못하다 하여 걱정할 필요가 없다. 디스크 교과서의 소리 파일이 표준 한국어를 들려줄 수 있기 때문이다.

전자출판물(Electronic Publications)은 전자출판으로 생성된 출판물의 최종 출력 매체가 종이가 아닌 비종이(Non-paper)에 제작(인쇄)된 비종이책의 출력물을 말한다. CD-ROM, DVD 등 종이가 아니고, 디스크에 출판된 디지털 디스크책이 대표적인 전자출판물이다. 통신망(Network)에 연결된 모니터 화면으로 책을 볼 수 있도록 제작된 책이 화면책(Screen Book)이다. 화면책은 이북(eBook)이나 인터넷책이라고도 불린다.

1998년부터 미국 누보미디어의 Rocket ebook 생산으로 일기 시작한 통신망에 연결하는 화면책 단말기(ebook) 붐은 2000년 3월 14일 미국의 작가 스티븐 킹이 '총알 자동차 타기(Riding the Bullet)'를 인터넷에서 화면책으로 판매하기 시작함으로써 급속히 전파되고 있다. 초창기에는 전자책의 내용(story/contents)을 마이크로소프트의 '리더'프로그램이나 Rocket ebook과 Glassbook의 세 가지 형태로 열람이 가능했으나 지금은 누크, 킨들, NUUT(네오럭스), 파피루스(삼성전자)는 물론 수많은 종류의 스마트폰에서도 전자책을 볼 수가 있다.

ebook은 그 품질에 따라서 세 가지로 구분할 수 있다. 보급형, 중급, 고급의 3단계로 볼 수 있다. 보급형 ebook은 글틀 버전(WP 버전, paperback book version), 중급 ebook은 범용 PC 버전(MM PC 버전), 고급 ebook은 전용 단말기 버전(hard cover book version)이라고도 부른다. ebook은 새로 탄생한 창조물이 아니라 기존의 종이책을 최종 출력 매체만 전자 매체로 개량한 것이다.

보급형 ebook은 아날로그 형태인 종이책의 콘텐츠를 디지털 형태로 바꾸어 디스크나 통신망 서버에 저장한 책을 말한다. 보통 워드프로세서 파일 형태나 탁상출판용 프로그램의 파일 형태로 종이책 내용(콘텐츠)이 저장된 것이다. pdf 형식이나 epub 형식의 파일로 많이 제공된다.

중급용 ebook은 '플래시 애니메이션'이라고도 많이 불리는 수준의 전자책으로 간단한 동영상과 오디오가 포함된 전자책이다. 일반적으로 인터넷 통신망으로 서비스되는 야후꾸러기의 동화전자책이나 주니어네이버의 동화전자책이 이에 해당한다.

고급용 ebook은 누크나 킨들 같은 전자책 전용 단말기를 사용하여 품질 좋은 동영상도 자연스럽게 구현하는 수준의 전자책이다. 출판 행위를 하는 업체에서 궁극적으로 추구해 나아가야 할 방향이 바로 고급 전자책을 기획하고 편집하고 제작하는 것이다.

[참고] 이기성/조도현, '콘텐츠와 ebook 출판', 해냄출판사
[출처] www.betanews.net/article/567518
http://news.naver.com/main/read.nhn?mode=LSD&mid=sec&sid1=105&oid=009&aid=0000068488

## 06

# 스마트 전자책 빅뱅 시대의 도전

최근 전자책에 대한 관심이 깊어졌다. 서점이 중심이 되어서 출판사와 연합해서 협회도 만들고 이북(ebook) 전용 리더를 개발하고 있다.

컴퓨터가 들어가면 전부 스마트라고 불린다. 전화에 컴퓨터가 들어가면 스마트 전화고 미사일에 컴퓨터가 들어가면 스마트 미사일이고 스마트만 붙이면 요즘 유행하는 책이 된다.

이북 전용 리더 전자책을 읽는 전용기계도 있지만 컴퓨터가 들어간 것은 화면만 붙이면 전부 다 전자책을 읽을 수 있는 장치로 변할 수가 있다.

그런데 컴퓨터 자체는 원래 동영상이나 멀티미디어 쪽을 구현하기 때문에 우리 인간의 뇌로 보면 우측 뇌가 작용한다. 컴퓨터나 영화나 티브이를 보면 우리가 일상적으로 생각할 때 기본적으로 우측 뇌가 작동한다.

공부를 하거나 어떤 사람을 알아보려고 집중을 하면 좌뇌가 움직이게 된다. 특히 수학을 할 때는 좌뇌가 움직인다. 공부할 때는 좌뇌가 움직여야 되고 놀 때와 쉴 때는 우뇌가 움직여야 된다.

전자책을 갖고 모니터 화면을 보고 공부한다는 발상 자체가 10년 전까지만 해도 미친놈 소리 들을 정도였는데, 지금은 그것을 극복하려는 노력을 해서, 특히 서점 쪽에서 노력을 많이 해서 일반 종이와 비슷한 품질의 화면을 만들어서 그것을 이페이퍼라고 발표했다. 이페이퍼는 기본적으로 떨림 현상이나 흔들림 현상이 없다.

뇌가 텔레비전을 보는 것은 우뇌를 사용하는 것이다. 이런 방식이 아니라 좌뇌를 사용할 수 있는 화면이 이페이퍼라는 형식으로 개발되어 있다. 단지 문제는 흑백은 개발이 되었는데 컬러는 제작비가 너무 많이 들어서 상용화에 실패했다. 만일에 이페이퍼가 컬러까지 싸게 나오게 된다면 종이책을 맞상대할 수 있는데 아직까지는 이북이라는 자체가 모니터 화면을 사용한다는 것, 즉 컴퓨터에 붙은 화면 통신망에 붙은 화면이라는 한계 때문에 좌뇌보다는 우뇌가 먼저 움직여서 쉬는 도구(간단히 보는 도구, 집중하지 않는 도구)로 사용하고 있다. 그

걸 가지고 교과서를 만들거나 공부하는 데 주력한다면 인간인 이상 실패할 수밖에 없다.

흑백 상태는 이페이퍼를 가지고 어느 정도 종이책을 흉내 낼 수 있다. 그렇지만 종이책의 정지된 글자나 정지된 그림을 볼 때는 좌뇌가 열심히 움직여서 공부가 되지만 움직이는 영상 – 애니메이션이나 실사 동영상이 나오게 되면 우뇌가 움직이게 되므로 '아, 잘 봤다' 하는 상태가 되지 그걸로 인해서 공식을 외고 문장을 외고 공부를 한다는 것은 전혀 목적을 달성할 수가 없다.

출판물에서 최종 출력 매체가 종이인 것은 종이책, 디스크인 것은 디스크책(disk ebook), 최종 출력 매체가 인터넷 같은 통신망인 것은 화면책(통신망 화면책, network screen book, network ebook)이다. 따라서 누크나 킨들에서 보는 전자책은 컴퓨터가 아니고 책(내용을 담은)이다. '전자'라는 글자가 들어간 전자책(ebook)이라고 하여 출판사가 아닌 컴퓨터 관련 업자나 통신 관련 업자가 주체가 되어 제작하는 경우가 많은데, 전자책은 일반 종이책과 같이 출판 관련 업자가 주체가 되어 제작하는 것이 옳은 일일 것이다.

# 월짜기와 워드, 아래아한글과 편타기

　아래아한글을 사용하는 당신은 진정한 애국자이다. 컴퓨터에서 사용하는 프로그램에는 여러 가지가 있는데, 그중에서도 가장 많이 사용되는 것이 문서를 작성하는 글틀(월짜기, 편집타자기)이라고도 불리는 워드프로세싱(Word Processing) 프로그램이다. 한글은 참 기막힌 글이라 '워드프로세싱'이란 발음을 그대로 표현할 수 있지만, 일본말로는 '와푸로' 또는 '와도'라고밖에 표기할 수가 없다.

　글자가 제대로 표기 안 되어 이상하게 사용하는 일본식 단어인데, 마치 자기만이 첨단 시대를 가는 양 '와푸로'니 '와도'니 하고 일본식 단어를 사용하는 사람들을 보면 참 딱하다는 생각이 든다. 원 발음대로 하자면 마땅히 '워드프로세싱 프로그램' 또는 '워드프로세서'로 불러야 하고, 줄여서 '워프'나

'WP'로 해야 맞다.

개인용 컴퓨터가 보급되자 타자기를 사용하던 많은 사람들이 컴퓨터를 타자기처럼 사용하고 싶어 했다. 타자기인데 모니터 화면으로 보면서 수정을 할 수 있으면 얼마나 좋을까? 이것은 워드프로세싱 프로그램이 개발되면서 가능해졌다. 워드프로세싱 프로그램은 워드프로세서 프로그램 또는 워드프로세서라고도 불린다. 이것은 문서를 타자하고 편집할 수 있다는 뜻으로 '편집타자기'라고 번역되고 줄여서 '편타기'라고 많이 부른다. 특히 요즈음은 순우리말로 글월을 짜는 '월짜기' 또는 '글틀'이라고 부르는 것이 유행이다.

우리는 한글을 사용하면서 한글이 얼마나 잘 만들어진 글이라는 걸 모른다. 위에서 아래로 내려 써도 괜찮고, 왼쪽에서 오른쪽으로 가로쓰기를 해도 잘 어울리고, 네모난 한자와도 잘 어울리고, 아라비아 글자인 숫자와도 잘 맞고, 하다못해 꼬부랑글자인 알파벳과도 조화가 잘되는 기막힌 글이 한글이다.

그런데 로만 알파벳은 네모나게 획이 그어지질 못하고 이리 꾸불텅, 저리 꾸불텅하니 조금만 잘못 쓰면 무슨 글자인지 헷갈리기 십상이다. 그렇더라도 우리처럼 콩자반을 젓가락으로 집어 먹을 수 있는 손가락을 가졌다면 그런대로 손으로 쓸 수가 있으련만, 매일 포크로 누르고 나이프로 칼질만 하면서 식사를 하는 서양인의 손가락은 우리만큼 발달이 되어 있지 못하다. 우리가 젓가락으로 멸치를 집는 것을 보면 '환상의 손가락'이라고 한다.

하기야 요즈음 우리들도 한글을 빨리 휘갈겨 쓰면 자기가 쓴 글자도 무슨 자인지 모를 때가 있지 않은가. 서양인들은 손가락도 변변치 못한데, 글자마저 두루뭉술하니 필기체, 인쇄체, 대문자, 소문자를 만들어 내고, 별짓을 다 해도 결국은 남이 쓴 글자를 알아보기가 힘들어 드디어 타자를 개발해 내고 만다.

타자기의 개발이야말로 알파벳 글자의 불편함을 완전히 해결해 준 과학의 승리라고 할 수 있다. 타자기를 사용하던 서양인들은 자연스럽게 개인용 컴퓨터에서 편타기 프로그램을 사용하게 되었지만, 반면에 우리나라는 아직도 '자필 이력서'를 요구하는 곳이 있을 정도로 기계의 사용에 저항감을 갖고 있기도 하다. 더 나아가서는 연하장 봉투에 '붓으로 안 쓰고, 볼펜으로 썼다고' 건방지다고 꾸중을 듣는 경우가 지금도 있다.

이렇게 예의를 존중하다 보니 타자기로 편지를 쓰면 '어른 불경죄'가 될 정도였다. 사실 어른 앞에서 안경을 벗지 않아도 괜찮게 된 것도 그리 오래된 일이 아니다. "아직도 펜으로 쓰십니까?"라는 질문을 받으면 창피하게 느껴져야 할 사회풍토가 되어야 할 상황이지만, 우리는 '컴퓨터'로 무엇을 하면 대단한 선구자인 양 비추어지는 현실이다.

뚱보강사의 아버지께서 지금으로부터 17년 전에 팔순 잔칫상을 받으시던 날 가족들에게 발표를 하셨다.

"난 1980년대 말 70세에 일손을 놓고 '앞으로 얼마나 살랴' 하는 생각이 들어 당시에 유행하는 컴퓨터 배우는 것을 포기했다. 그런데 10년이 지나 80이 되었는데 아직 살날이 많은 것 같다. 그래서 컴퓨터를 배우기로 결심했다."

아버지께서는 편집타자기인 아래아한글 사용법, e-mail 사용법, 싸이월드에 '출판사'라는 클럽도 만들고 미니홈피도 운영하고. 목동의 시니어타워에 사는 노익장을 위한 컴퓨터 강좌 졸업시험에서 일등을 하여 잡지에 기사도 나고 인터뷰도 실렸다. 지금은 90대 중반이지만 페이스북이나 카카오톡이라는 단어에 익숙한 노익장을 과시하고 계시다.

당신은 몇 살인가? 앞으로 얼마나 더 살 것인가? 지금 당장 컴퓨터를 시작하라! 아직 늦지 않았다. 당신도 선구자가 될 수 있다.

# 08

## 박사학위가 전부는 아니다

모 대학 교무처에서 교수회의가 열리고 있다. 무용과의 교수를 선정하는 회의인데, 교수의 자격 문제로 시끄럽다. 학칙에는 '박사 학위 소지자로서 강의 능력이 있는 자'라고 되어 있는데, 한국 전통 무용에는 박사 학위 소지자가 없는 것이다.

박사 학위라는 것이 우리나라의 고유문화에 전통을 둔 것이 아니고 서양의 교육 형태인데, 한국 무용을 강의하는 교수를 뽑는데 서양의 대학제도를 본 따서 만든 학칙대로 서양식 박사 학위 소지자를 구한다는 것은 정말 웃기는 일이다.

한의학이나 한국 고전무용뿐 아니라 서양식 학문에서도 박사 학위 소지자와 전문가와는 구별되고 있다. 서양에서 학문을 한 서양식 학자들이 서양의 학위 소지자는 무조건 전문가인 양 착각하는 데서 여러 가지 문제점이 발생하고 있다.

서양 미술에서 피카소나 밀레가 박사 학위 소지자는 아니다. 박사 학위 소지자가 피카소나 밀레보다 그림을 잘 그린단 말인가? 이론은 알지언정 실제로 그릴 능력은 부족한 경우가 많은 것이다.

서울대에서 오랫동안 강의를 하신 이태녕 교수는 "서양식 박사 학위란 혼자서 학문을 연구할 자격을 주는 것에 불과한 것이므로, 박사 학위를 받고 나서부터 열심히 연구를 해야 실력이 생길 터인데, 박사 학위를 따면 마치 자기가 그 분야의 전문가나 대가가 된 양 공부를 안 해서 큰일이다"라면서 걱정을 하고 있었다.

"우리나라의 서당 선생님이나 학자들은 서양식으로 한다면 박사 학위를 10개도 넘게 갖고 있을 것이다"라는 이야기 역시 공감이 간다. 그런데 우리는 서양식 대학 교육 방식을 채택하여 우리도 모르는 사이에 몸은 한국인이지만 생각은 서양식으로 하는 기형아가 되어 버렸다.

예를 들어 인명사전이나 연감을 보면 '박사 학위 소지자, 석사 학위 소지자' 등의 명단이 있다. 실제로 실력이 있는 전문가는 학위가 없는 한 사전이나 연감에 나올 수가 없다.

그런데 이 연감을 보고 각 분야의 전문가를 골라서 정부나 관련 기관에서 연구를 맡기거나 공청회를 하는 것이 우리나라의 실정이고 보면, 실제로 실력이 있는 전문가는 연구팀이나 공청회에 자문위원으로 들어갈 방법이 없다.

그림을 연구하는 연구팀에 박사들만이 연구비를 받고, 피카소나 밀레는 제외되는 것이다. 아니 제외가 아니고 철저히 무시되는 것이다. 혹시 피카소가 그런 연구팀이 있다는 이야기를 듣고 "내 의견은 이렇다"고 말한다면 "비전문가인 네가 무얼 아느냐?"고 쫓겨나는 격이다.

얼마 전에 21세기 마을 주최로 '한글 코드 및 자판 문제'에 관한 토론회가 열렸었다. 여기에서 모 박사는 한글 코드의 피카소와 자판 연구의 밀레격인 전문가들에게 "비전문가들과는 답답해서 토론을 못하겠다"는 발언을 했다.

이러한 사고방식이 실제로 실무에서 PC를 사용하는 컴퓨터 실력가들을 무식한 비전문가로 몰아붙이는 결과를 가져왔고, 이 결과가 바로 '5공비리 한글'이니, '5공 반글'이라고 불리는 잘못된 한글 코드를 KS한글 코드로 지정하게 된 것이다.

3공 때부터 지금까지 말썽이 일고 있는 한글 자판 배열 문제도 바로 자판 전문가들을 자판의 비전문가로 제쳐놓고, 비슷한 분야의 박사나 석사 학위를 갖고 있는 학자들이 자판 배열의 KS 규격을 지정한 데서 문제점이 연유한다고 보겠다.

한글 자판에 관한 한 미국이나 일본의 어느 학자도 우리나라의 자판 전문가만한 실력이 없다고 단언하는데, 바로 그 미국이나 일본의 학자에게서 한글 자판이 아닌 영문 자판에 관한 연구 또는 자판과는 관계없는 분야로 학위를 취득하고 돌아온 박사들이 겁도 없이 용감하게 한글 자판에 대해 마치 자기네들이 우리나라의 최고 권위자인 양 착각하여 KS 한글 자판 규격을 제정한 것이 현실이다.

그렇다고 해서 3공, 5공 때 자판 규격을 지정할 때 참가한 박사들이 가짜 박사나 실력이 없는 무능 박사라는 것이 아니다. 단지 한글 자판을 전공하지 않았으므로 KS 한글 자판의 규격을 제정할 자격이 안 된다는 말이다.

박지성 선수는 축구의 박사감이지만 야구나 씨름이라면 이승엽이나 이만기 선수가 더 잘할 것 아닌가? 박지성 선수가 야구를 잘 못한다고 해서 어느 누가 박지성 선수를 무능하다고 하겠는가?

# 출판디자인의 3요소인 HIT원칙

학생들에게 똑같은 과제를 동일한 조건으로 출제하더라도 결과물은 천차만별이다. 마감시간 전에 제시한 기준에 맞춰서 결과물을 제출하는 성실한 학생도 있지만, 마감시간을 넘겨서 제출하는 불성실한 학생도 있고 아예 제출하지도 않고 연락도 하지 않는 예절 없는 학생도 있다.

마감 시간 내에 결과물을 제출한 학생과 마감 시간을 못 지킨 학생과 아예 제출하지 않은 학생의 과제 수행 결과의 차이가 출판사 내부에서는 물론 일반 사회에서도 그 사람을 평가하는 데 커다란 지표가 될 것이고, 이는 승진과 월급의 승급 등 기회가 있을 때마다 영향을 줄 것이다.

성실성, 책임감, 마감시간 준수, 보고 의무는 출판디자인의 3요소인 HIT와도 무관하지 않다.

H는 Human Relation, Human Communication, Human Interface인 인간관계이고, I는 Idea, Information인 아이디어와 실력이고, T는 Time 약속 시간 지키기이다.

과제물을 출제했을 때 마감시간을 준수하지 않고 보고도 하지 않는 학생들을 대할 때면 인간 생활의 가장 기본인 예절도 지키지 않으면서 어떻게 살아갈 것인지 걱정이 된다.

# 제4장

# 미디어 리터러시

# 미디어에 속지 않기

요즘 우리 사회에서는 소통(커뮤니케이션)의 정보 해독능력이 굉장히 중요하다. 미디어 정보 해독력(각종 미디어 정보를 주체성을 갖고 해독할 수 있는 능력)이 정말 필요한 시대다.

뚱보강사는 대학에서 '미디어 리터러시'라는 과목을 학생들에게 가르쳤다. 미디어로 인해 국민을 탄압하고 국민을 속이는 권력이나 정권에 국민들이 속거나 불이익을 당하지 않게 하기 위해서 미디어의 특성을 제대로 가르치는 학문으로 선진국에서 자생적으로 생겨난 학문이다.

신문이나 방송을 이용해 국민을 속이는 사례를 대학생들이 주제를 정하여 수업시간에 토론을 하며 스스로 미디어의 장점과 단점을 배우는 과목이다.

뚱보강사가 대학에서 정년퇴임을 하고 명예교수가 되자 대학에서 '미디어 리터러시' 과목을 폐강시켰다. 대학에서는 처음에 '미디어 리터러시' 과목을 개설할 때는 '미디어 알기'나 '미디어 배우기'로 알았다가 '미디어 제대로 알기', 즉 '미디어에 속지 말기'라는 과목이라는 것을 알고는 3년 만에 없애버린 것이다.

뉴스 마사지의 예를 들면, 어떤 사건이 터지면 국민의 관심을 돌리기 위해 엉뚱한 사건을 일으키거나, 조그만 사건을 침소봉대하여 대대적으로 보도하거나 방송하여 국민이 속도록 만든다. 미디어를 제대로 알기 위해 학생들이 토론한 주제 중에는 촛불을 든 시민 문제, 용산 재개발 문제, 서태지 사건, 세종시 사건 등등 여럿이 있었다. 어느 것이 진실인 줄은 정확히 알 수 없지만 거대 방송국이나 거대 신문사가 국민 여론을 조작할 수 있다는 것만은 학생들도 느끼고 '미디어에 속아서 바보같이 살아온' 자기 자신을 미워하기도 했다.

마사지에는 미디어 마사지, 통계 마사지, 인터뷰 마사지 등 여러 종류가 있다. 미디어 마사지는 9시뉴스 방송이나 신문의 톱뉴스를 뉴스 가치의 비중에 따르지 않고 권력자가 마음대로 정하는 것이다. 통계 마사지는 통계 자료를 조작하여 국민을 속이는 방법이다. 인터뷰 마사지는 인터뷰 대상을 권력자가 원하는 집단을 골라서 의견을 묻는 것이다. 예를 들면 OB 맥주회사 직원들에게 "OB 맥주와 크라운 맥주 중에서 어느 맥주를 많이 마시냐?"고 묻고 OB 맥주를 국민 대부분이 좋아한다고 그 결과를 보도하는 것이다. 맥주뿐 아니라 커피나 라면이나 정당이나 인터뷰 아이템에 상관없이 가능하다.

미디어 리터러시 능력이 있는 사람은 특정한 청중과 의사소통하기 위해 미디어를 사용하는 능력이 있다. 미디어 리터러시는 읽기, 쓰기, 말하기, 컴퓨터 사용, 정보의 해독 등 다양한 기능을 포함한다. 즉 다양한 매체를 이해할 수 있는 능력이며, 다양한 형태의 메시지를 주체성을 갖고 분석하고 평가하고 의사소통할 수 있는 능력이다.

그러므로 미디어 리터러시가 있는 사람은 인쇄매체와 방송매체를 해석하고, 평가하고 분석하고 생산할 수 있어야 한다. 미디어 리터러시가 있는 사람은 마사지된 뉴스나 마사지된 통계에 속지 않을 능력이 있다.

# 출판을 알면 미디어 리터러시가 보인다

'미디어 알기'와 '미디어 제대로 알기'는 다르다. 남의 말을 그대로 믿는 것과 남의 말을 듣고 이 말이 사실일까 아닐까를 생각하고 믿는 것에는 결과에 차이가 있을 수 있다. '미디어의 내용이 쓸모가 있는 것이냐, 쓸모없는 것이냐?', '지식이냐, 지식이 아니냐?'를 판단하는 것은 쉽지 않다. 책이나 인터넷에 있는 내용, 자료, 정보가 지식인지 아닌지를 판단하는 기준은 각자의 입장이나 수준에 따라 다를 것이다. 지식을 찾아내는 방법은 아날로그 미디어 시대보다 디지털 미디어 시대가 더 쉬워 보인다.

인터넷상에서 네이버나 다음, 구글 같은 검색엔진 프로그램을 사용하여 아주 쉽게 많은 양의 정보를 얻을 수 있다. 그러나 얻는 방법이나 얻는 지식보다도 그 정보가 옳은 것인지,

지식이 될지 아닐지를 판단하는 단계가 더욱 중요해진 것이 지금의 디지털 미디어 시대이다.

반면에 아날로그 시대에는 종이책, 종이신문에서 얻는 내용을 독자가 지금보다 신빙성을 어느 정도 더 가지고 있었던 것이 사실이다. 인터넷 시대, 디지털 미디어 시대에는 정보의 독자/사용자는 정보 검색자, 이용자, 소비자의 위치뿐만 아니라 정보에 대한 반응을 보일 수 있는 적극적 참여자로서의 역할이 추가된다. 참여자의 역할을 할 때에는 정보나 내용에 대한 합리적 판단 능력이 요구된다. 디지털 시대의 미디어 리터러시는 '미디어를 알기'로 끝나는 것이 아니라 판단과 비판이 추가된 '미디어 제대로 알기'가 요구되는 것이다.

미디어를 찾아서 읽을 수 있고 자기 자신의 글(보고서)을 써내는 능력인 디지털 미디어 리터러시에는 다음의 5가지 요소가 있다.

① 접근하기(access) = 자기가 접하는 미디어에 대한 정보 (information, data)와 정보가 담긴 인터넷이나 스마트폰 같은 미디어를 사용하는 방법(미디어 tool에 접근하는 방법)
② 분석하기(analyze) = 비평적인 생각으로 미디어의 내용과 미디어 내용이 작성된 목적을 분석하고 검토하기
③ 창조하기(create) = 미디어의 내용과 목적을 알고 나서

자기의 생각(idea 발상, creative thinking)을 글로 쓰거나 청중에게 말로 전달할 내용을 정리하기(composing or generating idea and content)

④ 심사숙고하기(reflect) = 자기의 생각(creative idea, thinking, media message)을 곰곰이(깊이) 검토하고 다시 생각하기

⑤ 발표하기(act/announce/publish) = 정리된 자기의 생각/아이디어인 콘텐츠를 외부에 글이나 말로 발표하기

디지털 미디어를 제대로 아는 데 필요한 접근/분석/창조/심사숙고/발표의 5가지 요소를 전부 다 이행하는 처리 과정이 바로 종이책 출판, 전자책 출판 행위에 해당한다.

미디어 리터러시는 미디어의 이해, 미디어 제대로 알기, 미디어 배우기, 미디어에 대처하기 등 여러 단어로 해석할 수 있다.

미디어 리터러시는 다음 세 가지 능력으로 요약할 수도 있다.

① 미디어 리터러시는 문자 미디어, 사진 미디어, 음성 미디어 등을 정확히 수용하는 능력이다.

② 미디어를 아는 것으로 그치는 것이 아니라 미디어를 제대로 아는 능력이다.

③ 일간 신문의 톱뉴스나 TV 9시뉴스의 톱뉴스의 내용을 이

해하고, 신문사/방송국이 오늘의 톱뉴스로 선택한 의도를 파악하고, 시청자 스스로가 미디어의 내용을 정확하게 수용하는 능력이다.

미디어 리터러시를 다른 말로 풀이하면 "첫째, 종이책이나 종이신문은 물론 인터넷에서 사용되는 하이퍼텍스트 문장 및 소리와 영상이 혼합된 동영상의 멀티미디어를 읽을 수 있고, 둘째, 그 내용을 제대로 정확히 이해하고 이를 평가/비판할 수 있는 능력이고, 셋째, 그 내용을 자기 자신이 재활용하는 능력을 말한다"라고 할 수 있다.

책이나 신문, 방송의 내용(줄거리)으로 제작(출판)할 수 있는 원료인 정보와 자료를 모으고 정리하여 독자나 시청자에게 전달해 주는 행위가 출판(publishing)이므로 '그 내용을 자기 자신이 재활용하는 능력'이 바로 출판 능력과 같은 점이다.

신문이나 방송, SNS에서 얻은 내용(정보/소스)을 제대로 아는 방법을 단계별로 정리하면 1단계는 Identify the source, 2단계는 Examine the quality of information, 3단계는 Publish(create, generate, compose, process)가 된다.

# 미디어 리터러시 통제의 기본은?

미디어 프로세싱(Media processing)은 종이책/전자책 출판(publishing)을 뜻하는데 단행본(도서, 서적, 책), 잡지, 교과서 등 내용을 담은 저작물을 펴내는 행위로, 구체적인 기획, 편집, 제작(생산), 마케팅(유통)을 통해 독자에게 결과물(출판물)을 전달하는 전 과정을 말한다. 미디어 프로세싱은 문자/이미지/오디오 미디어의 커뮤니케이션으로서, 미디어의 내용(contents/story)으로 결과물을 제작하고 유통시키는 일체의 행위라고도 한다.

미디어를 생산하는 출판산업을 통제하면 미디어를 쉽게 통제할 수 있기 때문에 절대 권력자는 단행본, 교과서, 잡지, 신문을 출판하는 산업계를 달래고 협박하고 길들이기를 시도하려는 경향이 있다. 대중에게 알려지면 정권 유지에 곤란한 사건의 진실을 은폐하거나 조작하기 위해서는 미디어를 제작하고 편집하고 생산하는 출판업자를 통제할 필요성이 대두되기 때문이다.

신문/방송/잡지 리터러시 통제 방법에는 미디어 생산자(출판사/신문사/방송국)를 직접 통제하거나 미디어 유통망을 장악하는 방법 외에도 톱뉴스를 조작하거나 바꾸기, 뉴스 물타기, 뉴스 비중 줄이기, 뉴스 빼기, 관심 딴 데 돌리기용 뉴스 터뜨리기, 사건 조작하기, 전쟁 위기 등 사회 공포분위기 조성 등등 여러 가지가 있다.

톱뉴스 조작 사례로는 1985년에 보도한 진도 가족간첩단 사건, 1995년에 보도한 '1987년의 박종철 학생 고문치사 사건 은폐' 등을 들 수 있다.

〈폴리뉴스〉 2012년 6월 10일자 기자수첩에서 최신형 기자가 작성한 '6·10항쟁 25주년, MB와 박근혜식 민주주의를 생각한다'의 기사를 일부 발췌하여 게재한다.

(www.polinews.co.kr/news/articleView.html?idxno=95765)

**'책상을 탁치니 억하고 죽었다.'**

제5공화국 말기인 1987년 1월 14일. 치안본부 대공수사관들에 의해 영장 없이 강제 연행된 서울대 박종철 군이 사망하자 전두환 독재정권은 이같이 말하며 사건 은폐에 나섰다. 그로부터 5개월 뒤인 6월 9일. 연세대 이한열 군은 '6·10대회 출정을 위한 연세인 결의대회' 도중 머리에 최루탄을 맞고 사망했다.

'박종철과 이한열'의 억울한 죽음은 6·10항쟁의 직접적인 도화선이 됐다. 그 뜨거웠던 여름, 전두환 독재 타도와 호헌 철폐를 외치며 6·29 선언을 이끌어낸 국민적 저항을 우리는 '6월 항쟁'이라 부른다.

김주언은 서울대 재학 중 '민청학련' 사건에 연루되어 투옥됐다가 기소유예로 풀려난 뒤 군에 입대했다. 1980년 한국일보에 입사하여 기자로 재직하던 중 1986년 〈말〉 특집호를 통해 '보도지침'을 폭로하여 구속되었다. 1987년 집행유예로 풀려난 뒤 한국일보에 복직하였다.

지난 권위주의 시대에 우리 언론은 '관제언론'의 오명을 얻으며 권력의 통제 아래에서 형극의 길을 걸어왔다. 언론통제는 도대체 어떤 수단과 방법으로, 어떤 메커니즘을 통해, 누구에 의해 이루어졌는가? 그것을 정확히 기록하고 분석하며 오늘과 미래를 위한 성찰의 자료로 삼으려는《한국의 언론통제》라는 역사서가 2009년에 출간되었다. 책의 서문은 이렇게 시작한다.

> 언론계에 30년 넘게 종사하면서 느낀 소감은 한마디로 진정한 자유언론은 없었다는 점이다.

미디어 마사지 사례를 검토할 때에는 누가 이익인가, 왜 지금인가를 생각해야 한다. 주요 사례로는 미네르바 구속 사건, 힙합 그룹 '에픽하이'에서 활동하고 있는 '타블로'의 학력에 관한 논란과 그에 대한 반박에 관한 사건인 '타진요 사건', 한명숙 총리 대한통운 비자금 의혹 사건, 서태지/이지아의 결혼과 이혼 발표 등을 들 수 있다.

# 04

# 미디어 리터러시의 역사

미디어 리터러시의 역사는 인류가 생각이나 말을 기록으로 남기는 행위로부터 시작되었다. 그림이나 기호 상태를 거쳐서 글자(문자)가 완성됨으로써 미디어 리터러시의 역사가 정식으로 시작된다.

특히 인간의 생각을 완전하게 표현할 수 있는, 제대로 완성된 문자가 발명되고 그 문자를 사용하여 문서를 작성하고, 활자를 발명하여 완전한 책의 형태를 갖추고 대량 생산이 가능해짐으로써 인류 문화가 도약 단계로 들어선다.

동양에서의 문자는 녹도문자에서 갑골문자로 발전하고 이는 나중에 고조선 시대에 이르러 동이족의 한자(고한자)의 발명으로 발전했다.

한편으로는 같은 고조선 시대에 또 다른 새로운 문자인 정음문자(고한글)가 발명되어 문화의 기록과 국가 단위의 통치를 가능케 하는 원동력이 되었다. 고조선 시대에는 고한자와 고한글의 두 가지 문자가 다 통용되었다. 비슷한 시기 서양에서는 이집트의 알파벳 문자가 국가 통치의 기본이 되었다.

문자의 발명과 인쇄술의 발명은 종이책의 발전을 가져왔고, 종이 출판물은 아날로그 시대에 문자를 아는 엘리트 계층의 통치 수단과 지식의 보고가 되어 현재에 이르고 있다.

문자(글자, 문장, 텍스트) 미디어의 발전에 추가하여 다음 단계는 영상(이미지)의 기록과 재생이 가능한 방법인 영사기(사진기)의 발명이다. 소리(음성, 음악)를 사용한 라디오 방송, 영상과 소리를 이용한 TV 발명 단계를 거쳐서 인류는 디지털 시대로 들어선다.

디지털 시대는 컴퓨터로 대표되는데, 특히 1970년대 개인용 컴퓨터가 발명되고부터 인류 문명과 인류 문화에 획기적인 발전과 변화를 가져온다. 그러나 컴퓨터 시대에 들어오자 우리 문자인 한글이 컴퓨터에서 제대로 나오지 않는 문제가 발생했다. 뚱보강사가 이 한글 문제를 해결할 수밖에 없었다.

2012년 7월호 월간 〈코리아트리뷴〉의 '이기성 한국전자출판교육원 원장 – 제2의 한글 창제로 전자출판 신기원 열어'라는 제목의 글을 소개한다.

아직 컴퓨터라는 것이 생소하던 시절, 당시에는 컴퓨터 제조회사에 따라 한글 입력 값이 제각각이었기에 호환이 어려웠다. 그러나 현재 한글을 인식하는 데 필요한 처리/통신 표준 코드가 각 워드프로세서에 적용되고 있기 때문에 한글 입/출력에 전혀 막힘이 없다. 이를 가능케 한 이가 있다. DTP(Desktop Publishing) 발전과 한글 폰트 개발에 주력한 한국전자출판교육원 이기성 원장이 그 주인공이다.

이 외에도 이 원장은 한글 기반의 원거리 데이터 교환 PC에 통일된 한글코드인 KSC-5601-92 제정을 주도했다. 한글 1만 1,172자를 모두 구현할 수 있는 조합형을 주장, 당시 문화부의 협조를 바탕으로 바탕체, 돋움체 등을 개발했고 모니터 상에서 출력되는 한글의 기본형을 완성해 출판업계에 새로운 패러다임을 제시했다.

우리나라도 1980년대에 들어서면서 컴퓨터로 많은 자료를 정보화하여 사용하는 정보화 시대로 들어서고 이는 다시 통신과 연결되어 정보통신 시대로 발전한다.

개인용 컴퓨터 사용법, 워드프로세서 사용법, 삐삐(비퍼) 사용법, 인터넷 사용법, 손전화(셀폰) 사용법, 비디오게임기 사용법, 스마트폰 사용법을 공부해야 시대에 뒤떨어지지 않게 되었다. 컴퓨터 리터러시, 인터넷 리터러시 등 각종 'XX 리터러시'(XX 사용법 알기)를 모르면 예전에 글을 모르던 문맹(illiteracy)처럼 괄시 받게 되었다. 이에 따라 컴퓨터 리터러시, 통신 리터러시(네트워크 리터러시), PC 통신 리터러시, 인터넷 리터러시, ebook 리터러시, 페이스북 리터러시 등 국민의 삶을 위한 미디어 리터러시 교육의 필요성이 대두되었다.

아날로그 시대에는 지식층들이 문자 해독을 했으므로 종이책 리터러시, 잡지 리터러시, 라디오 리터러시, 영화 리터러시, 광고 리터러시 등 교육이 별도로 필요하지 않았다.

그러나 컴퓨터, 네트워크, 인터넷, ebook, SNS(Social Networking Service) 등이 출현하면서 지식층 이외에 일반 대중도 새로운 미디어를 이해하고 사용하는 방법을 알아야 하는 시대로 돌입했고, 이는 새로운 미디어에 대한 새로운 교육의 필요성을 심각하게 요구하게 되었다.

마침내 교육계에서도 인간들이 의사소통의 수단으로 사용하는 매체에 관한 교육을 통틀어 미디어 리터러시 교육이라 부르게 되었다.

아날로그 시대에는 문자를 읽고 쓰는 능력이 미디어 리터러시였었다. 그러나 디지털 시대에는 문자를 읽고 쓰는 능력에 더해서 책의 내용을 이해하고 비판하는 문장 리터러시 능력이 추가로 필요하게 되었다.

디지털 미디어 시대 이전의 아날로그 미디어 시대의 리터러시는 종이책, 잡지, 신문과 라디오 방송에 대한 리터러시로 출판 리터러시와 라디오 방송 리터러시가 필요했다. 아날로그 시대의 미디어의 대표인 종이책/종이신문은 싱글 미디어인 텍스트(글자/정지그림) 미디어, 라디오 방송은 싱글 미디어인 오디오(목소리/음악) 미디어를 사용했다.

종이책과 라디오 시대의 미디어 리터러시 교육은 아날로그 리터러시인 인쇄/출판 미디어 리터러시와 라디오 방송 미디어 리터러시에 대하여 교육을 하는 것이었다.

TV가 등장했을 때의 미디어 리터러시는 TV 리터러시로 오디오에 추가된 미디어인 영상 미디어에 대하여 이해하는 실력을 갖추도록 배우는 것이었다.

컴퓨터 통신이 1980년대에 PC와 집전화를 연결하여 사용할 수 있게 되자, 미디어 리터러시는 개인용 컴퓨터와 통신에 대하여 배우고 PC 통신을 이용하는 능력을 갖게 하는 것이 주된 업무였다.

1990년대에 인터넷 통신이 대중화되자, 미디어 리터러시 교육은 인터넷 리터러시 교육이 중심이 되었고, 이것은 인터넷을 이용하는 능력을 배우고 인터넷 정보에 대하여 비판하는 능력을 갖출 수 있도록 교육하는 것이었다.

한국에서 1980년대에 활발하게 활동했던 엠팔동호인모임(엠팔클럽)은 PC 통신 방법을 초보자에게 설명해 주고 전파시킨 PC 통신 리터러시 교육의 선구자였다.

2012년 8월호 월간 〈코리아트리뷴〉의 글을 소개한다.

> 엠팔(Electronic Mail Pal)은 컴퓨터 1세대들의 모임으로 묵현상 메디프론디비티 대표, 박순백 드림위즈 부사장, 안상수 홍익대 교수, 이찬진 드림위즈 대표, 안철수 서울대 융합과학기술대학원장, 박흥호 나모인터랙티브 대표, 안대혁 한국마이크로소프트 이사, 염진섭 전 야후코리아 사장 등 국내의 기라성 같은 컴퓨터 데이터 통신 분야의 거목들이 젊은 시절 몸담았던 동호회였다. 이기성 원장은 엠팔의 2대 회장을 역임했다.

PC 통신 리터러시와 인터넷 리터러시는 본격적인 디지털 시대의 리터러시로 자리 잡았다.

이렇게 미디어는 인류의 의사소통의 수단과 방법으로 사용되어 동굴 벽화, 광개토대왕비석부터 종이책, 인터넷에 이르기까지 발전되어 왔다.

미디어는 콘텐츠이기도 하고 콘텐츠를 담는 그릇이기도 하다. 미디어 리터러시는 텍스트 미디어, 이미지 미디어, 소리 미디어 등 모든 형태의 정보를 포괄하는 미디어를 이해하고 합리적으로 수용하고 재활용하는 능력을 말한다.

미디어 리터러시 교육은 콘텐츠 미디어를 찾아서 읽고 이를 비판하고 정확히 이해하여 자기의 생각을 표현해 낼 수 있도록 교육하는 것이다.

# 05

# 디지털 미디어 리터러시

디지털 미디어 리터러시는 인쇄출판 미디어인 아날로그 미디어의 리터러시에 합하여 전자 미디어인 디지털 멀티미디어의 리터러시를 의미하는데, 하이퍼텍스트 및 멀티미디어를 읽을 수 있고 그 내용(contents)을 이해하고 비판할 수 있고 재활용할 수 있는 능력이라 할 수 있다.

디지털 미디어 리터러시는 디지털 시대의 미디어 리터러시 또는 디지털과 미디어 리터러시로도 이해될 수 있다.

《인포메이션 & 디지털 리터러시》(2001년)의 저자인 런던시티대학 교수 보덴(David Bawden)은 디지털 시대의 리터러시를 기술 기반 리터러시와 디지털 리터러시로 구분한다. 디지털 리터러시는 컴퓨터 리터러시, 라이브러리 리터러시, 네트워크 리터러시, 인터넷 리터러시, 하이퍼 리터러시, 멀티미디어 리터러시 등을 포함한다. 보덴은 종이 미디어가 리터러시의 기본으로 시작해서 컴퓨터 환경에 적합한 새로운 형태의 디지털 리터러시로 확장된 것으로 보았다.

디지털 리터러시의 유형에는 컴퓨터 리터러시, 정보 리터러시, 테크놀로지 리터러시, 비주얼 리터러시, 미디어 리터러시가 있다.

《Literacy in a Digital World》(1998년)의 저자인 타이너(Kathleen Tyner)는 디지털 리터러시의 핵심이 '지식통합'이라고 했다.

《디지털 리터러시》(1997년)의 저자인 길스터(Paul Gilster)는 리터러시를 가장 정확하게 정의하고 있다. 새로운 리터러시는 현대 사회의 필수적인 삶의 기술, 예를 들면 운전면허증이나 생존 기술 익히기도 포함된다고 보았다. 디지털 리터러시는 컴퓨터 조작 기술이 아니라 생각을 관리하는 것이다. 그러니까 하드웨어에 중점을 두는 정보통신 리터러시나 컴퓨터 리터러시와는 구분한다. 디지털 리터러시는 모든 종류의 정보를 활용할 수 있는 능력이며 디지털 리터러시의 가장 핵심은 지식 통합(knowledge assembly)이다.

즉, 길스터는 "디지털 리터러시는 인터넷을 통해 검색한 정보의 이해는 물론 전통적 형태의 콘텐츠, 즉 책, 신문, 잡지 등을 모두 포함한 내용을 네트워크 도구로 재활용할 수 있는 능력이라고 말한다"고 강조한다.

길스터는 디지털 리터러시를 인터넷 리터러시나 웹 리터러시의 상위 개념으로 인식하고 있다. 리터러시가 생존 기술이라면 디지털 리터러시는 정보를 이해하는 능력이라는 것이다. 그리고 좀 더 중요한 것은 정보를 평가하고 정보를 통합하여 컴퓨터로 그 형태물을 운반시킬 수 있는 여러 가지 형태로 만들어내는 것이다.

길스터는 미디어 하드웨어 이해뿐만 아니라 미디어를 이해하고 비평하는 능력 함양을 포함하여 미디어 리터러시를 정의하고 있다.

《Digital and Media Literacy》(2012년)의 저자인 템플대학 교수 리니 홉스(Renee Hobbs)는 미디어를 하드웨어적으로 보아 아날로그와 디지털의 상대적 개념으로 분류하지 않고 네 가지 범주로 나누었다.

아나털(Anatal) 시대의 미디어를 인쇄출판 미디어, 비주얼 미디어, 소리 미디어의 세 가지로 구분하고 그 이외의 것을 디지털 미디어로 구분하였다.

그는 인쇄출판 미디어를 디지털 미디어보다 더 중요한 위치에 두었다. 인쇄출판 미디어에는 종이책, 신문, 매거진을 포함시켰다. 비주얼 미디어에는 영화, 텔레비전, 사진, 회화를 포함시켰다. 소리 미디어에는 라디오, 레코드 뮤직, CDs, MP3 파일을 포함시켰다. 디지털 미디어에는 인터넷, 비디오 게임, 온라인 소셜 미디어를 포함시켰다.

디지털 미디어 시대의 리터러시는 싱글 미디어를 사용하는 인쇄/출판/라디오 미디어 리터러시와 멀티미디어를 사용하는 디지털 리터러시인 인터넷 미디어 리터러시의 두 가지에 대하여 모두 다 교육을 하는 것이다.

인터넷 이용자들이 인터넷의 디지털 미디어를 사용하고 자신의 이야기를 미디어 콘텐츠 형식으로 표현(생산)해 낼 수 있도록 교육하는 것이 인터넷 미디어 리터러시 교육의 목표이다.

인터넷 디지털 미디어 리터러시 교육의 세 가지 요소는 다음과 같다.

① 인터넷 이용 능력과 ebook이나 UCC를 제작할 수 있는 능력
② 디지털 미디어의 속성과 그 내용을 이해하는 방법과 미디어 내용을 비판적으로 해독하는 능력
③ 디지털 미디어를 통한 사회적 소통과 민주적 참여 능력
   (소셜 미디어, 카카오/트위터/페이스북)

이 세 가지 중에서 두 번째인, 디지털 미디어의 속성과 그

내용을 이해하는 방법과 미디어 내용을 비판적으로 해독하는 능력 함양은 아날로그 시대의 미디어 리터러시 교육과 일맥상통하는데, 디지털 미디어 속성과 내용의 이해 대신에 아날로그 미디어의 속성과 이해로 대치하여 교육하면 된다. 또 미디어 내용을 비판적으로 해독하는 능력의 함양 교육 역시 디지털 미디어나 아날로그 미디어나 같다.

'미디어의 내용이 쓸모가 있는 것이냐? 쓸모없는 것이냐?, 지식이냐? 지식이 아니냐?' 하는 것을 판단하는 것은 쉽지 않다. 책이나 인터넷에 있는 내용, 자료, 정보가 지식인지 아닌지를 판단하는 기준은 각자의 처지나 수준에 따라 다를 것이다.

지식을 찾아내는 방법은 아날로그 미디어 시대보다 디지털 시대가 더 쉽게 보인다. 디지털 미디어 시대는 인터넷상에서 검색엔진 프로그램을 사용하여 아주 쉽게 많은 양의 정보를 얻을 수 있다.

그러나 그 정보가 옳은 것인지, 지식이 될지 아닐지를 판단하는 단계가 더욱 중요해진 것이 지금의 디지털 미디어 시대이다. 반면에 아날로그 시대에는 종이책, 종이신문에서 얻는 내용을 독자가 지금보다 신빙성을 어느 정도 더 가지고 있었던 것이 사실이다.

인터넷 시대, 디지털 미디어 시대에는 정보의 독자/사용자는 정보 검색자, 이용자, 소비자의 위치뿐만 아니라 정보에 대한 반응을 보일 수 있는 적극적 참여자로서의 역할이 추가된다. 참여자의 역할을 할 때에는 정보나 내용에 대한 합리적 판단 능력이 요구된다.

디지털 시대의 미디어 리터러시는 '미디어를 알기'로 끝나는 것이 아니라 판단과 비판이 추가된 '미디어를 제대로 알기'가 요구되는 것이다.

미디어 리터러시(Media Literacy)는 미디어의 이해, 미디어 알기, 미디어 배우기, 미디어에 대처하기이다.

미디어 리터러시는 단순히 미디어 알기가 아니라, text 미디어, image 미디어, audio 미디어 등 모든 형태의 정보를 포괄하는 미디어를 찾아보고(1st) 이를 검토하고 이해하고(2nd) 합리적으로 수용하고 재활용하는 능력(3rd)을 말한다.

미디어 리터러시의 Source 단계, Examine 단계, Process 단계 중에서 Process 단계는 Publish 단계라고도 한다.

디지털 미디어 리터러시의 5가지 요소는 접근하기(access), 분석하기(analyze), 창조하기(create), 심사숙고하기(reflect), 발표하기(act)이다. 접근/분석/창조/심사숙고/발표의 5가지 요소를 전부 다 이행하는 행위의 처리 과정(process)이 바로 출판(publish) 행위이다.

## 06

# 소셜 미디어와 다수 두뇌 시대

'가식의 얼굴을 벗어나 맨 얼굴로 만나자', '자기 자신을 드러내고 소통하자'라는 구호로 탄생한 페이스북(facebook). 페이스북 서비스는 2004년 당시 열아홉 살이었던 하버드대 학생 마크 주커버그(Mark Zuckerberg)가 학교 기숙사에서 사이트를 개설하여 창업하였다.

페이스북은 개설한 지 10년 만에 가입자 수가 12억 명으로, 이 중에서 우리나라 가입자는 약 1,300만 명이다.

인간관계와 의사소통이 디지털 방식으로 변화하고 있다. 블로그, 카페, 트위터, 카카오톡, 페이스북, 클럽, UCC 등 간접 경험 공간인 누리소통망(SNS : Social Network Service)이 직접 체험 공간보다 훨씬 큰 위력을 발휘하고 있다. SNS는 사용자 간의 자유로운 의사소통과 정보 공유, 그리고 인맥 확대 등을 통해 사회적 관계를 생성하고 강화시켜 주는 온라인 플랫폼으로 자리 잡았다.

인간끼리의 디지털 소통 방법에 획기적인 방식을 세계 최초로 제시한 것은 한국의 '싸이월드(CyWORLD)'였다. 싸이월드는 인간의 사이를 좁히자는 '사이월드' 서비스였다. 싸이월드 (www.cyworld.com)는 SK텔레콤의 자회사인 SK커뮤니케이션즈가 1999년에 인터넷으로 디지털 서비스를 시작했다. 그러나 전통적인 한국 문화의 벽을 넘지 못하고 완전한 맨 몸을 천하에 공개하지 않고 '클럽'이라는 공간 안에서 회원끼리만 맨 몸을 보이는 소통 방식을 채택했다. 당연히 한국서는 인기 짱! 대성공이었다.

특히 자기만의 '미니홈피'는 인터넷 상의 가상공간 서비스로 특히 인기가 많은데, 이게 바로 미국의 페이스북, 마이스페이스와 영국의 베보(Bebo)와 같은 개념이지만 이들보다 앞서 개발된 서비스이다.

페이스북은 미국에서 성공한 소셜 네트워크 서비스(SNS) 중 하나로, 한국의 싸이월드와 유사한 서비스를 제공하는데 본사는 미국 캘리포니아 주의 팔로알토에 있다. 13세 이상이면 누구든 회원으로 가입할 수 있으며, '친구 맺기'를 통하여 많은 이들과 웹상에서 만나 정보를 교환하고, 자료를 공유할 수 있다.

2008년 세계 최대의 SNS 사이트였던 마이스페이스 (MySpace)를 따돌리고 SNS 분야 선두주자로 나섰다. 그런데 페이스북은 싸이월드만큼 사용자에게 친절한 서비스를 제공하지 않는 게 흠이라면 흠이다.

소셜 미디어는 그 자체가 일종의 유기체처럼 성장하기 때문에 소비와 생산의 일반적인 메커니즘과 다를 수 있다. 소셜 미디어는 다수의 의견, 경험, 관점 등의 집단지능(Collective Knowledge)이 모여 정제되어 송출되는 미디어이다. 소셜 네트워크의 기반 위에서 개인의 생각, 의견, 경험, 정보 등을 서로 공유하고 타인과의 관계를 생성 또는 확장시킬 수 있는 개방화된 온라인 미디어 플랫폼이다.

전통 미디어는 한 사람의 두뇌를 사용하지만 소셜 미디어는 여러 사람의 두뇌를 공유할 수 있다. 전통 미디어는 인쇄출판 미디어가 대표적이다. 프린트 미디어라 불리는 인쇄출판 미디어에는 책(도서) 출판물, 잡지 출판물, 신문 출판물이 있다. 방송 미디어, 통신 미디어도 전통 미디어이다. 프린트 미디어에 종이(펄프종이) 미디어 이외에 전자종이(electronic paper)가 추가되었다. 전자종이는 electronic media로 별도로 구분하기도 한다. 개인용 컴퓨터끼리의 컴퓨터통신으로 전자우편, 전자사

서함, 전자게시판 서비스(BBS) 수준을 즐기다가, 전 세계 컴퓨터와 용이하게 통신하는 인터넷 수준으로 발전하자 인터넷을 새로운 매체인 internet media로 독립시키기로 한다.

디지털 미디어 시대는 싱글 미디어를 사용하는 인쇄/출판/라디오 미디어와 멀티미디어를 사용하는 인터넷 미디어의 두 가지를 모두 알아야 한다. 디지털 미디어 시대에는 인터넷 이용 능력은 기본이고 전자책(ebook)이나 UCC를 사용할 수 있는 능력과 디지털 미디어를 통한 사회적 소통과 민주적 참여(소셜 미디어, 카카오/트위터/페이스북 이용하기) 능력도 필요하다.

전통적인 미디어 시대에는 어떠한 사건이 일어나면 자기 혼자의 두뇌로 처리해야 했으나 네이버 포털, 네이버 지식인, 다음 포털, 싸이월드, 페이스북이 사용되는 디지털 미디어 시대에는 네이버 카페같이 인터넷 통신망에다 소셜 미디어를 사용하여 수백, 수천, 수만 명의 두뇌를 공유하여 이용할 수 있다.

소셜 미디어는 방송매체의 일방적 발표를 사회적 매체의 대화로 변환시키고(양방향으로), 그 이용자들이 콘텐츠 소비자임과 동시에 콘텐츠 생산자가 되는 것을 가능케 함으로써 정보의 민주화와 개방화를 촉진시킨다.

# 07

## 팍스 구글과 TGIF 세대

제2차 세계대전이 끝나자, '팍스 아메리카나(Pax Americana)'라는 신조어가 나왔다. 막대한 경제력과 군사력을 갖춘 미국이 세계를 지배하기 시작했다는 의미였다. 19세기 영국의 식민 통치를 '팍스 브리타니카(Pax Britanica)'라고 부르는 것과 같다. 팍스 아메리카나의 개념은 고대 로마의 '팍스 로마나(Pax Romana)'의 개념을 응용한 것이다. 팍스 아메리카나는 미국 주도하의 평화를 뜻하는데, 미국의 정치, 경제의 영향력 아래서 세계가 평화를 이루고 있다는 것을 의미한다.

팍스 로마나는 기원전 1세기 말 제정을 수립한 아우구스투스로부터 약 200여 년 정도의 평화 시기를 말하는데 흔히 '로마 지배하의 평화'라고도 한다. 이 당시 로마의 국력은 최절정기에 도달하였고 세상의 물산은 로마로 집중되었다. 당시 로마제국은 좋았겠지만 그 영향력 하에서 지배당하는 국가의 입장에서는 평화가 아니라 악몽이었을 것이다. 로마가 소유한 대포와 비슷한 성능의 무기는 개발하거나 거래하지 못하게 하였고, 무역거래도 자유무역협정 같은 것으로 로마에 유리하게 강요하였고, 고분고분하지 않은 위성국은 금융제재를 가하여 경제 발전을 막았었을 것이다. 그렇다 하더라도 로마인들 스스로 인정하고 있듯이, 지성에서는 그리스인보다 못하고, 체력에서는 켈트인이나 게르만인보다 못하고, 기술력에서는 에트루리아인보다 못하고, 경제력에서는 카르타고인보다 뒤떨어지는 로마인이 어떻게 커다란 문명권을 형성하고 오랫동안 그것을 유지할 수 있었는지, 어떻게 팍스 로마나를 확립하였는지는 아직까지도 정답이 없다.

21세기 첨단 디지털 시대에 새로운 세대가 나타났다. 이른바 TGIF 세대. TGIF는 '신이여, 감사합니다. 오늘은 금요일입니다 (Thanks God. It's Friday today.)'를 의미한다. 주 5일 근무 실시로 금요일이 황금의 날이 된 것인데, 이를 상표로 쓰는 식당도 있다.

이 TGIF는 토요일, 일요일 놀아서 신난다는 것이 아니다. T는 트위터, G는 구글, I는 아이폰, F는 페이스북. 이제는 니코틴 중독이나 알코올 중독보다 TGIF가 더 무섭다고도 한다. 실제로 페이스북이나 트위터의 중독성이 술과 담배보다 강하

다는 연구 결과도 있다. 세계일보 2012년 2월 4일자에 다음과
같은 기사가 실렸다.

페이스북·트위터 등의 소셜미디어나 문자메시지를 확인하
려는 욕구가 술이나 담배 중독성보다도 더 강한 것으로 조사
됐다. 미국 시카고 대학의 경영대학원 부스스쿨의 월하임 호
프만 교수팀은 블랙베리를 이용해 독일 위르츠버그에 거주하
는 성인 205명을 대상으로 소셜미디어의 중독성을 조사했다.
그 결과 잠이나 성욕 등 저항이 불가능한 충동 다음으로 중
독성이 강한 것으로 나타났다고 미국 현지 언론들이 2월 3일
보도했다.

영국의 〈The Times〉지는 '소셜미디어 등장으로 청소년들에
게 친숙하게 사용하는 SNS가 오히려 정신건강에 심각한 장애
를 끼칠 수 있음'을 경고하는 기사를 보도했다.
(www.thetimes.co.uk/tto/education/article3941182.ece)

개인용 컴퓨터 운영체제는 이미 팍스 윈도우 시대가 되었
다. 구름책 시대(클라우드 컴퓨팅 시대)는 이름만 달라진 새로
운 팍스 아메리카나가 나타났다. 팍스 구글, 팍스 페이스북,

그런데 팍스 네이버, 팍스 다음, 팍스 싸이월드, 팍스 코리아
나는 없다. 구글은 G메일·유튜브·구글플러스 등의 개인 정보
를 통합해 사생활 정보를 속속들이 파악하는 '빅브라더' 프로
젝트도 추진하고 있다. 정보 시대, 구름책 시대, 인터넷 시대
의 지배자는 실체가 잘 나타나지 않는다. 지배자는 있지만 지
배당하는 사람이나 지배당하는 단체, 사회, 국가, 국민은 피
지배나 종속당한다는 사실을 잘 모른다는 것이다.

　새로운 지배자는 실체가 모호하다.《모든 것의 구글화(The
Googlization of Everything)》의 저자 시바 바이디야나단은 "구
글이 진실을 작위적으로 결정하고, 인간의 지각능력도 떨어뜨
리고 있지만, 사람들은 오히려 구글을 세상을 들여다보는 렌
즈 같은 존재로 숭상한다"고 지적했다. 팍스 로마나에서는 로
마가 지배자인 것을 아니까 식민지에서 벗어나려고 노력하지
만, 식민 통치 받는 사실을 인식하지 못하면 노예 상태를 벗
어날 가망이 없다.

　문제는 우리나라도 잘 모르는 사이에 점점 종속의 소용돌이
로 빨려들고 있다는 것이다. 예를 들면 삼성과 LG는 안드로
이드 폰에 이어 안드로이드 TV, 안드로이드 냉장고까지 개발
하고 있다. '로열티 폭탄'이 터지지 않더라도, '모든 것의 구글
화(구글라이제이션)'로 구글은 많은 비즈니스 기회를 독점할 것

이다. 구글 이용자는 구글의 서비스를 선택하는 고객이 아닌, 구글이 만들어내는 또 하나의 제품이라는 것을 이용자 자신이 모르는 경우가 대부분이라는 것이다.

소비자들은 구글 검색창을 통해 편협한 세상을 파악하고, 구글 광고를 보고 구매를 결정한다. 전자신문의 장지영 모바일정보기기팀장은 "팍스 아메리카나를 능가하는 '경제와 문화 수탈'은 이미 시작됐다. '시일야 방성대곡(是日也放聲大哭)'과 같은 만시지탄의 곡소리가 다시 나오기 전에 대책을 세워야 한다"고 한국의 미래를 걱정하고 있다.

[참고] 전자신문 2012. 2. 6. [프리즘] 구글라이제이션, 장지영 기자
www.etnews.com/news/opinion/2554689_1545.html
[참고] 임혜린 기자, 매경이코노미 제1643호
《당신이 꼭 알아둬야 할 구글의 배신》…구글이 보여주는 왜곡된 세상, "지금까지 구글은 사람들이 구글을 다루는 것보다 사람들을 훨씬 잘 다루고 있다." 2012. 2. 6.
이 책은 구글이 이용자를 대하는 방식을 비판적으로 접근한다. 저자는 구글이 단순한 검색엔진이 아니라고 말한다. 구글 이용자들은 정보의 바다 속에서 무한한 정보를 공짜로 캐내는 것처럼 보이지만 실제로는 막대한 대가를 지불한다. 구글은 이용자 선호도와 행동 양식을 수집해 광고 수단으로 활용한다. 검색을 통해 드러난 소비자 취향과 욕망은 우리 의사와 상관없이 공개되고 가공된다. 이런 측면에서 저자는 구글 이용자는 구글의 서비스를 선택하는 고객이 아닌, 구글이 만들어내는 또 하나의 제품이라고 말한다. 저자는 또한 구글의 검색 결과가 객관적이라는 편견도 버려야 한다고 덧붙인다. 구글을 통해 보는 세상은 사람들이 정작 중요하다고 판단했던 진실이 아니라, 구글이 보여주고 싶은 세상이라는 주장이다.

## 08

# 검인정교과서 출판사 탄압 사건

교과서 정책은 1950년 12월 21일 '교과용도서검인정규정'이 제정되어 교과서 발행제도가 보완됨으로써 정상적인 궤도에 들어갔다. 이후 문교부 편수국에서는 국정교과서를 제작하고, 국정교과서 이외의 도서는 편수국의 편찬지침에 따라 민간에서 제작하는 방식으로 운영되었다.

그러나 5·16 군사 쿠테타 이후 군사정부는 국정교과서를 강화하고 검인정교과서는 가능한 한 제한하는 정책으로 변화하였다.

검인정교과서 책에는 정권의 이념을 강하게 반영하지 못한다는 이유를 들고, 또한 검인정교과서 출판사의 경우는 교과서 제작자의 과다한 경쟁에 따른 부작용을 명분으로 내세웠다 (당시 군부는 한국적 민주주의라고 주장).

이 시기부터 국정교과서는 확대되고 검인정교과서는 줄어들었다. 군사독재가 장기화되고, 유신정권의 등장에 따라 제3차 교육과정령이 공포됨으로써 이러한 경향은 더욱 강화되어 검인정교과서는 주로 한국검인정교과서㈜에서 제작하였고, 쿠테타 정권 말기 유신정권의 통제가 더욱 강화되었다.

그러나 교과서에서 민주주의의 3권분립을 수정하라는 지시를 검인정교과서 집필 저자들이 끝까지 반대하자, 검인정교과서 발행 출판사 대표와 임원들을 구속하였다.

탈세 및 관민 밀착 비리라고 모함하여 구속은 물론 검인정교과서 발행 출판사와 출판사 대표의 재산을 압류하고 교과서 발행권을 징발하였다.

검인정교과서에는 독재 정권의 이념을 강하게 반영하지 못한다는 이유를 들고, 또한 검인정교과서의 경우 교과서 제작자의 과다한 경쟁에 따른 부작용을 명분으로 내세워 검인정교과서를 야금야금 국정으로 빼앗아가던 유신정권은 드디어 사유 재산을 강탈하고 출판사 대표들의 출국을 금지시키는 등 유신정권의 탄압은 극심해졌다.

"검인정교과서 탈세 추정액 120억 원 -동아, -중앙"

유신정권은 5대 일간지에 1977년 3월 16일에 검인정교과서 보급을 둘러싼 비리 사건으로 발표하였다(미디어 리터러시 통제).

당시 치안본부(현 경찰청)는 한국검인정교과서㈜가 문교부와 국세청 직원에게 1974년부터 뇌물을 주고 중고교 검인정교과서의 가격 인상, 내용 수정, 성실법인 지정 등 각종 특혜를 받아 거액의 부당이득과 탈세한 사실을 발표했다(실제는 사실 무근임).

이로 인해 현직 문교부 직원 7명, 세무공무원 4명, 한국검인정교과서 소속 중등교과서㈜ 대표와 고등교과서㈜ 대표 등 13명이 특정범죄 가중처벌 등에 관한 법률위반 및 중수뢰 혐의로 구속되었고, 검인정교과서 정책이 재조정되었다.

1972년에 박정희 정권은 10월 유신을 선포한다(1972. 10. 17). 제2차 교과과정기(1963~1973년)의 마지막 시기인 1972년에 한문 교과서 20종을 1종으로, 1973년에 사회 교과서와 국사 교과서를 1종(국정)으로, 1974년에 사회과부도, 과학, 체육, 수학, 영어 교과서를 단일본으로 바꾼다. 마침내 모든 중/고등학교 교과서를 단일본으로 바꾸는 작업을 시도하다 유신 말기인 1977년에 대규모 초대형 출판사인 검인정교과서 회사 탄압 사건을 일으킨다.

검인정교과서 회사는 검인정교과서 시험에 합격한 교과서를 출판하는 100개 이상의 출판사가 모여 만든 대형 주식회사이다.

1977년 2월 청와대 직할 치안본부 특수수사대를 시켜, 미디어 리터러시 통제(언론탄압)의 일환으로, 검인정교과서 회사에서도 대주주들인 50~60대 사장들을 20여 일 동안 서대문 전매청 자리에 허위 자백서를 제출할 때까지 불법 구금시켰다. 협박과 고문에 못 이겨 백지에다 열 손가락 지장을 찍고서야 풀려난 사장들은 자기가 뭘 잘못했는지도 모르고 풀려났다가 신문 기사를 보고 나서 정권의 앞잡이 유신경찰과 유신검찰이 백지에다 써넣은 내용을 알게 되었다.

신문 기사 내용은 '중-고등학교 검인정교과서 발행을 둘러싸고, 업자들이 문교부 공무원들에게 뇌물을 주고, 책값을 비싸게 책정, 엄청난 폭리를 취해 온 사실이 치안본부 수사 결과 밝혀졌다. 한국검인정교과서㈜가 문교부와 국세청 직원들에게, 1974년부터 3300여만 원의 뇌물을 주고, 중-고교 검인정교과서의 가격인상, 내용수정, 성실법인 지정 등 각종 특혜를 받아, 거액의 부당이득과 탈세를 한 사실이 드러난 것이다'라는 것. 유신경찰과 유신검찰이 협박과 고문으로 백지에 도장을 받아놓고선 '뇌물을 주었다느니, 탈세를 했다느니'라고 소설을 써서 신문사와 방송국에 알려준 것이다. 신문사나 방송국 기자들은 진실을 알지만 써준 그대로 보도하지 않을 수 없었을 것이다.

물론 12년 뒤에 대법원에서 '신체를 불법 구금한 상태에서 협박과 고문에 의한 자백'은 무효라는 판결이 나왔다. 그러나 그동안 출국금지를 당하고 사유 재산을 뺏기고 회사 건물을 경매당하고… 정신적 경제적 피해가 극심했다. 나중에 무죄 판결로 탈세범이라는 불명예는 벗을 수 있었지만, 과거 정권에게 당한 재산상의 피해를 보상받을 길이 없었다.

대학교수 저자가 많은 검인정교과서 발행 출판사들은 대부분 독재 체제에 비협력적이었다. 사장을 감금시킨 상태에서 출판사와 자택을 수사하여 장부를 압수하고 사유 재산을 압류한 내용도 1977년 6월 신문들이 언급하고 있다. 검인정교과서 회사의 탈세 추정액은 120억 원이라고도… 동아일보, 중앙일보에서 보도하고 있다.

세금 추징 2년 뒤인 1979년에 동아일보는 '5억 2천만 원 추징당한 장왕사, 출판을 멈추고…'라고 보도했다. '검인정교과서 파동 – 출판사마다 추징금 진통', '출판문화 10년 후퇴, 116사 중 96사 문 닫음'이라는 제목에서 보듯이 유신 독재 정권의 미디어 통제 결과로 광복 후 30여 년간 우리나라에서 축적한 자본과 출판·인쇄 기술이 후퇴했고 한국 출판문화가 10

년 이상 후퇴되었다.

감금된 상태 하에서의 허위 자백에 의해, 5년간 273억 원 매출(이익이 아니라)에 세금 221억 원을 추징당했던 중등 교과서 주식회사는 12년 만에 승소했고, 고등 교과서 주식회사도 15년 만에 대법원까지 모두 승소하였다. 그러나 차기 신군부 쿠테타 정권은 억울하게 뺏어간 재산을 돌려주기는커녕 1984년에 세무서에서 세금 고지서를 다시 발부했다. 1984년 당시 정권은 일사부재리의 원칙도 무시하였다. 몇 년을 더 싸워 다시 대법원까지 모두 승소하였으나 그동안 억울하게 훼손당한 출판사의 명예 회복은 누가 해줄 것이며, 유신정권에 과잉 충성한 세력들의 처벌 방법은 무엇인지?

1977년 유신정책의 반대자를 제거하는 일련의 과정에서 벌어졌던 '검인정교과서 발행 출판사 탄압 사건'은 특수수사대가 서대문에 출판사 사장을 한 달가량 감금하고 117개 교과서 발행 출판사에 221억 원의 세금을 추징하고 검인정교과서 발행권을 징발한 사건이었다. 1990년에 대법원에서 최종 승소할 때까지(1977~1990년) 14년간 96개 대형 출판사가 문 닫은 우리나라의 출판산업은 쇠퇴할 수밖에 없었고, 사건 당사자는 물론 가족까지 경제적으로도 고생했고 명예훼손도 당했다.

교과서의 유통망인 공급인과 서점들도 대통령이 임명한 국회의원들에게 피해를 당했다. 유신정우회(약칭 유정회)는 1973년 2월 유신헌법에 따라 대통령의 추천으로 통일주체국민회의에서 선출된 전국구 국회의원들이 구성한 원내 교섭단체로 1980년까지 존재했다. 대통령 박정희의 지도 이념을 입법 활동에 구현함으로써 유신헌정체제의 수호 및 발전을 위한 원내 전위대의 역할을 담당했고, 임기는 3년으로 3년마다 한 번씩 개편을 거듭하였다.

# 09

# 로널드 레이건과 말비나스 제도

 미국 대통령 중 가장 많은 나이인 70세의 나이로 취임한 대통령이었으며 역대 대통령 중 최초로 이혼 경력이 있는 대통령. 2004년 93세로 사망한 레이건 전 대통령은 레이건 라이브러리 옆 동산에 안장됐다. LA에서 북쪽으로 1시간 거리에 위치한 시미 밸리(Simi Valley)에 도서관 겸 박물관인 레이건 대통령 라이브러리(Ronald Reagan Presidential Library)가 있다. 라이브러리는 총 61만 2,087평(500에이커) 대지에 지하와 1층 빌딩으로 꾸며졌으며 기념관, 뮤지엄, 서점 등으로 분리해서 운영되고 있다. 이곳은 국립 기록 보관국에서 운영한다.

 로널드 윌슨 레이건(Ronald Wilson Reagan, 1911~2004년)은 미국의 제40대 대통령(1981~1989년)과 33대 캘리포니아 주지사(1967~1975년)를 지냈다.

일리노이 주 탬피코에서 가난한 구두 판매원의 둘째 아들로 태어난 레이건은 일리노이 주 딕슨에서 자랐으며, 일리노이 주 유레카 대학에서 경제학과 사회학으로 문학사를 취득. 졸업 후에 일리노이 주를 떠나 아이오와로 가서 라디오 방송국에서 스포츠 아나운서로 일했으며, 1937년에는 할리우드에 들어가 1964년까지 〈Kings Row〉(1942년) 등 약 50편의 영화에 출연하였으나 평범한 배우로 그쳤다. 1949년에는 부인 제인 와이먼과 이혼하였고 3년 뒤에 낸시 데이비스와 재혼했다.

제2차 세계대전 때에는 공군 기지의 부관으로 종군하였고, 캘리포니아 주의 주지사 시절에 조세감면, 복지제도의 확대, 고등교육정책에 힘을 쏟았고 캘리포니아 주의 재정을 적자에서 흑자로 바꾸었다.

1980년에 공화당 대통령후보로 지명되어 경제불황으로 인기가 추락했던 당시 민주당의 대통령 지미 카터를 압도적인 표차로 누르고 대통령에 당선되었다.

그는 대통령으로 재임하면서 보수적이고 강경한 국내외 정책을 펼쳐 1984년 대통령 선거에서 민주당 후보 월터 먼데일에게 압승을 거두고 재선되었다.

그러나 조세감면과 사회복지 지출을 억제한 '레이거노믹스'의 결과 재정 및 무역 적자를 초래했다. 대외정책에서 레바논

파병과 리비아 폭격, 냉전체제가 공산권의 사멸로 끝났으니 국방비를 복지비용으로 전환해야 한다는 비평을 억누르려고 전쟁을 선택했다. 1983년 서인도제도 남동부 윈드워드 제도에 있는 섬나라인 그레나다 침공, 니카라과 반군지원 등의 정책으로 제3세계 국가들에게 위협을 주었고 특히, 말비나스(포클랜드) 전쟁에서는 영국을 옹호하고 아르헨티나를 테러집단으로 규정하기도 했다. 따라서 레이거노믹스 정책의 실패를 전쟁으로 만회하려던 레이건은 신의를 저버리는 세계적인 침략자로 몰리게 되었다.

아르헨티나의 말비나스(Malvinas) 제도를 1833년 이후 영국 해군이 점령하고 영국 땅이라고 하며 이름도 포클랜드 제도(Falkland Islands)로 바꾸어 부르고 있었다. 그러나 1982년 4월 군사력을 키운 아르헨티나가 무력으로 말비나스 제도를 탈환했다. 이에 영국은 아르헨티나가 침략국이라며 영국 앤드루 왕자(엘리자베스 2세의 둘째 아들이자 현재 요크 공작)가 항공모함을 타고 직접 참전하여 말비나스(포클랜드)를 공격하여 겨우 다시 점령하였다.

당시 미국은 남미 국가들과 정치적·군사적으로 우호적인 관계를 유지하고 있었으나, 아르헨티나를 배신하고 침략국인 영국편을 들어 도리어 아르헨티나를 테러집단으로 몰았던 것이다.

만일에 일본이 최첨단 이지스 함정을 앞세워 독도를 공격하여 점령하고 일본식으로 다께시마로 부른다면 우리나라는 어찌해야 할까? 그냥 독도를 빼앗겨야 하나? 당연히 우리도 군대를 키워 독도를 다시 탈환해야 할 것이다.

탈환할 때 우리의 우방국이던 미국이 일본 편을 들어 한국 육해공군의 배치를 일본에 알려주고, 한국을 테러국가로 규정하여 일본 왕자가 이끄는 일본의 해군이 독도를 점령하고 다시 다께시마 섬이라고 주장하고 있다면 우리나라에서는 어떠한 생각이 들까? 그런데도 한국의 신문과 방송에서는 아르헨티나 말비나스 섬을 영국군이 공격해서 점령했다는 보도는 없고, 용감한 영국의 앤드루 왕자가 이끄는 해군이 포클랜드 섬을 테러국에서 탈환했다고 전쟁 소식을 영국 입장에서 보도했다. 기사 제목도 말비나스 전쟁(Malvinas Islands War)이 아닌 포클랜드 전쟁(Falkland Islands War)이었다. 일본이 독도를 점령해도 미국의 신문에서 '다께시마를 탈환했다느니', '다께시마 전쟁'의 제목으로 기사를 썼다고 가정해 보자.

레이건 대통령 이후 남미의 국가들은 '미국은 배신자의 나라이며 믿을 수 없는 국가'라고 욕하고 있는 것이다. 이 사건으로 인하여 레이건에 대한 비난이 끊이지 않았다.

여기에 더해서 1986년 11월 '이란-콘트라 사건(Iran-Contra Affair)'이 발발한다. 이 사건은 비밀리에 이란에 무기를 판매하고 그 대금의 일부를 니카라과의 콘트라 반군에 지원한 사건이다.

이란에 대한 무기판매는, 전쟁 중인 이란에 지원하지 않고 테러리스트와 흥정하지 않는다는 미행정부의 공식입장에 위배되는 것이며, 콘트라 반군에 대한 지원은 콘트라 반군에 대한 일체의 직접적·간접적 지원을 금지한 미국 의회의 볼런드 수정법을 위반한 것이다.


1986년 '이란-콘트라 사건'으로 대통령 인기가 떨어지자 레이건은 소비에트 연방에 대해 유화정책을 펴기 시작하였다. 유화정책의 결과로 레이건은 1987년 12월에 소련의 고르바초프 서기장과 '중거리핵전력폐기조약(INF Treaty)'을 맺어 냉전을 종식시켰다.

대통령 시절부터 치매 증상이 있었다는 소문도 있긴 하나, 공식적으로는 대통령 퇴임 후 5년이 지난 1994년 11월, 알츠하이머병 진단을 받았다고 발표되었다. 10년간 치매와 투병해 온 그는 2004년 6월 5일 캘리포니아 자택에서 93세로 타계했다. 레이건 사후 7년 뒤인 2011년, 갤럽(Gallup)의 여론조사에서 '미국인이 생각하는 가장 위대한 대통령'으로 레이건이 19%를 득표하여 1위를 기록하였다. 2위는 링컨 대통령으로 14%를 기록하였다.

 LA 시미 밸리 언덕 위의 레이건 라이브러리에는 대통령과 주·연방 정부의 역할 그리고 근세 미국의 역사를 쉽게 이해할 수 있는 자료들이 많다. 강한 미국을 구호로 내걸고 대통령에 취임, 세계의 냉전체제 종식을 이룩한 레이건 대통령의 업적 등 그의 모든 것을 만나볼 수 있다. 미국의 수치인 1981년 3월 레이건 대통령 피격 당시의 암살 시도 사건도 당시 현장을 촬영한 동영상이 전시되어 있고, 체포 당시 압수한 손바닥 안에 들어가는 장난감 같은 권총과 총알이 자세한 설명과 함께 보존되어 있다.

[출처] 로널드 레이건 대통령 도서관 및 박물관
http://365hananet.koreadaily.com/place/105
Ronald Reagan Presidential Library and Museum
www.reaganlibrary.com
네이버 백과사전, 포클랜드전쟁 [Falkland Islands War]

## 배로 숨쉬기 운동(복식호흡)

1. 책상 다리 자세로 앉는다. 다리가 굵어서 다리 자세가 안 나오면 대강 해도 된다. 요가처럼 꼬지 않아도 된다. 종아리가 긴 사람이나 서양 사람은 의자에 앉아서 해도 된다. 의자에 앉을 때는 양 발을 11자(나란히) 모양 혹은 11자에서 엄지발가락이 안쪽으로 되게 한다. 여덟 8자식으로 양 허벅다리를 벌리고 앉으면 안 된다.

2. 눈을 감는다.

3. 처음에는 손바닥을 배에 댄다. 익숙해진 사람은 손바닥을 하늘로 향하게 하고 무릎 위에다 올려놓는다.

4. 숨을 '후' 하고 내쉬면서 배를 등 쪽으로 집어넣는다.

5. 숨을 들이마신다. 배를 앞으로 볼록하게 내민다.

6. 숨쉬기를 약 5분에서 20분 동안 계속한다.

7. 중도에 머리가 아프거나 숨이 가쁘면 즉시 멈추고, 자연 그대로의 숨쉬기를 한다. 대개 1~2분이면 정상으로 돌아온다.

8. 잡생각을 안 하려고 노력하지 않는다. 아무 생각도 안 하려면 적어도 몇 달, 몇 년의 수련이 있어야 가능한 것이 정상이다.

9. 아침 해 뜨기 전(새벽 3시 30분~5시 30분)이 가장 이상적인 운동 시간이다. 이 시간에 일어나기 힘든 사람은 하루에 한 번 어느 때라도 하면 좋다. 가끔 이유 없이 머리가 아프고, 몸이 찌뿌드드하고 잠이 잘 안 오는 사람은 3개월만 꾸준히 복식호흡을 해 보면 효과가 나타나기 시작할 것이다.

# 제5장

# 우리 역사와 문화

# 01

## 창힐의 한자는 동이족 고한자의 짝퉁이다

뚱보강사는 한글 활자 지식을 정리하여 여러 권의 책으로 출판하였다. 2000년 동일출판사에서 《e-book과 한글 폰트》를 시작으로 2007년 《한글 타이포그래피》, 《한글 글꼴 및 세라믹 활자》, 2008년 《타이포그래피와 한글디자인》, 2009년 《한글디자인 해례와 폰트디자인》, 2010년 《고딕체 폰트디자인 해례와 한글 자소디자인》 책을 한국학술정보㈜에서 출판하였다.

전자출판학을 연구하며 우리 글자에 많은 관심을 기울여온 뚱보강사는 갑골문자(고한자)와 가림토문자(고한글)는 우리 민족의 글자라는 의견을 제시한다. 지금 우리가 한글과 한자를 둘 다 사용하는 것처럼 단군조선 시절에도 고한자와 고한글을 둘 다 사용했다고 주장한다.

"녹도문자가 발전된 갑골문자가 고한자이고, 가림토문자가 고한글이라는 것."

환국 시대(BC 7197년~BC 3898년)와 배달국 시대(BC 3897~BC 2333)에 고한자인 녹도문자를 사용하여 오다가 단군조선 시대에 들어와서 녹도문자가 더 발전되어 3400년 전경에 갑골문자로 재탄생한다. 고한자인 갑골문자는 엘리트층에서 주로 사용되었을 것이다.

단군조선 초기에 곡물을 측량하는 도량형기를 표준화시키기 위하여 백성들이 쉽게 사용할 수 있는 문자의 필요성을 절감하고 새로운 문자인 가림토문자를 발명한다.

세종대왕의 훈민정음 창제보다 3945년 전에 단군조선 3세 가륵단군이 경자 2년(BC 2181년)에 정음(알파벳) 38자를 만들어 가림토문자라 불렀다는 기록이 있다.

어려운 고한자(녹도문자/갑골문자)와 쉬운 고한글(정음문자/가림토문자)의 두 종류 문자가 단군조선(고조선) 시대에 사용된 것이다. 고한자는 뜻글자이고 고한글은 소리글자였을 것이다. 가림토문자(정음문자)의 알파벳은 자음과 모음이 28개인 세종대왕의 훈민정음보다 10개 더 많은 38개였다.

고한자인 갑골문자를 우리 동이족이 사용하던 글자이므로 고한글로 부르는 학자도 있지만, 이는 단군 시대에 갑골문자만 사용하였다는 가정이 전제되었을 것이다.

그러나 갑골문자와 가림토문자를 둘 다 사용하는 환경이라면 갑골문자는 고한자로, 가림토문자는 고한글로 구분하여 명명하는 것이 합리적일 것이다.

노중평 칼럼니스트의 〈단군세기〉에 대한 해설에서 가림토(加臨土)에 대한 내용이 나온다.

단군 제2세 부루단군 계묘 3년(BC 2238년) 9월에 백성들에게 조서를 내려, "쌀되(斗)와 저울(衡)을 모두 통일하도록 하였고, 베와 모시의 시장 가격이 서로 다른 곳이 없으며, 백성들이 모두 속이지 않으니 어디서나 두루 편했다"고 하였다.

이때는 이미 난전이 서서 백성들의 시장거래가 활발했다고 볼 수 있다. 도량형(度量衡)을 통일하려면 문자가 있어야 하는데, 문자가 조시와 해시가 열리는 곳이 서로 달라서 불편하므로 제3세 가륵단군 때 경자2년(BC 2181년)에 정음(正音) 38자를 만들어 가림토라 하고 사용하였다. 가림토란 나라 안에 사는 백성들인 팔가(八加)에서 쓰는 말이라는 뜻이다.

또한, 길림시 송호상 교수는 〈동이민족 논설〉 중에서 가림토문자에 대한 증언을 하고 있다. "산동성 환대(桓臺)시에서 발굴된 가림토문자(加臨土文字)는 옛한글이다. 지하 6m 깊이에서 발굴된 녹각에 새겨진 글자(ㅅ ㅈ x ㅜ) 모양의 가림토문자는 C14 측정 결과 3850년 전의 것으로 확인되었으니《환단고기》의 기록에 가림토문자가 4000년 전에 있었다는 내용을 증명하고 있는 것이다."

뚱보강사도 같은 생각이다. 고한글(가림토문자)이 제작된 것이 4514년 전인 BC 2181년이므로 중국 환대시 유물의 글자는 단군 시대에 사용하던 고한글인 가림토문자가 맞을 것이다.

중국에서는 5000년 전(BC 2669년경)에 3황5제 시절 가공인물인 황제의 사관 창힐이 새와 짐승의 발모양을 따서 한자를 창안하였다고 주장한다. 창힐이 발명한 한자가 3058년 전(BC 1046년) 주나라에서 금문(金文)체 한자로 발견되고(주나라 선왕 때 주문/대전 제작) 이것을 발전시켜 2214년 전(BC 202년) 한(漢)나라 문자로 사용해서 한자(漢字)라고 주장하고 있고, 우리나라 대부분 역사학자도 이를 비판 없이 받아들이고 있는 추세이다.

그러나 우리나라에는 창힐보다 910년 앞선 BC 3898년에 신지혁덕이 사슴 발 모양의 글자인 녹도문자로 천부경을 기록했다는 이야기가 전해오고 있다. 시기적으로 보아 창힐이 창조한 것이 아니고 배달국의 녹도문자를 창힐이 흉내 낸 것이 분명하다. 뚱보강사는 '창힐의 한자는 동이족 고한자의 짝퉁이다'라고 주장한다.

환국 시대(BC 7197년~BC 3898년)에 민족의 철학을 기록한 문자인 녹도문자가 다음에 개국한 배달국 시대(BC 3897년~BC

2333년)를 거쳐 단군조선 시대(BC 2333년~BC 108년)에 들어와서 더 개량되고 발전되어 갑골문자로 탄생한 것이다.

저명한 문자학자인 진태하 교수도 단군조선 동이족이 갑골문자를 발명하였다고 저술하고 있다. 그러므로 갑골문자는 곧 우리의 고한자인 것이다. 창힐의 한자가 사실은 우리의 글자일 수도 있다고 뚱보강사는 주장하는 것이다.

한자가 중국 글자니까 쓰지 말자고 주장하는 분들도 있는데 한자가 사실은 우리의 글자일 수도 있다는 점을 재고해보는 것이 좋을 것이다.

녹도문자

단기 전 1565년(BC 3898년) 환웅천황이 신지혁덕에게 명하여 녹도문자로 천부경을 기록케 하였다.

《환단고기》 중 〈태백일사〉 소도경전

갑골문자 – 천부경

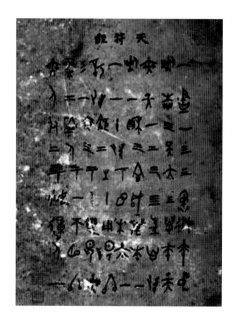

가림토문자 정음 38자

《환단고기》에 〈단군세기 3세〉 단기 152년(서기 BC 2181년)에
정음 38자 창조 기록(일명 가림토문자 38자)이 있다.

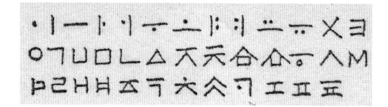

## 02

# 디자인, 디지털, 드링크

유비쿼터스 시대는 4개의 애니(Anytime, Anywhere, Any media, Any device)에다 2개의 D(디지털과 디자인)를 합친 것이다.

뚱보강사의 강의를 들은 출판사 편집팀장이 "출판계에 영향력 있는 3D는 디자인, 디지털, 디엔에이(DNA)야"라고 말한다. 듣고 있던 영업팀장이 극구 부인한다.

"아니야, 3D는 디자인(Design), 디지털(Digital), 드링크(Drink)야."

골치 아픈 일이 생기면 술로 이를 잊으려고 하는 경우는 대부분 의학적으로 '3박4일형'에 속한다. 흔히들 '작심3일형'이라고 한다. 잊기도 잘하지만 새로운 결심도 잘한다. 반면에 '작심365일형'은 잘 잊지를 못한다. 골치 아픈 일도 오래 기억

하지만, 새로운 결심도 꾸준히 지킨다. 정신의학상으로 보면 사람은 누구나 정도에 따라 다르기는 하지만, '선천적 의지박약증'을 갖고 태어난다는 것이다.

뚱보강사네 가훈은 '극기'와 '성실'이다. 부모님의 가훈이 '극기'였는데, 뚱보강사가 '성실'을 추가했다. 사실 정신과 의사 처지에서 보면 극기나 성실이나 둘 다 '선천적 의지박약증'을 노력으로 치료하는 방법이다.

명문대학과 비명문대학의 차이는 무엇일까? 교수들의 실력 차이보다는 학생들의 수준 차이가 더 심하다고들 얘기한다. 학생들 수준 차이의 원인은 '의지박약'의 정도 차이일 것이다. 직접 강의를 하면서 느낀 점은 명문대학 학생이나 비명문대학 학생이나 지능지수, 인간성, 용모가 모두 비슷하다. 단지 차이는 '끈기 있게 공부하느냐'에 있다. '끈기'는 '의지박약' 정도와 비례한다.

부모가 자식들에게 전해준 지능이나 용모는 똑같이 유전시켜 주지만 자라면서 실력 차이가 생긴다. 뚱보강사는 대학생들에게 부모를 탓하지 말고 자기가 성실하게 공부하지 못한 것을 탓해야 한다고 강조한다.

한 학기가 끝나면 학생들이 교수들의 강의에 대한 평가를 한다. 이 강의평가서를 보면 공부 잘하는 반은 평가점수가 높게 나오고, 공부 못하는 반은 평가점수가 낮게 나타난다. 열심히 공부한 학생들은 교수가 잘 가르쳤다고 교수에게 90점을 주고, 과제를 제대로 해오지 않는 성실하지 못한 학생들은 교수가 잘못 가르쳤다고 70점을 주는 것이 교육 현실이다.

자기가 열심히, 꾸준히, 성실하게 공부해야 좋은 결과가 나오는 것이지, 자기는 불성실하게 공부하면서 교수가 잘못 가르쳐서 자기 성적이 안 좋게 나왔다고 탓하는 것이다.

출판업계나 교육계나 현대의 3D는 디지털, 디자인에다 근면, 성실함을 뜻하는 딜리전스(Diligence)를 더한 것이다.

# 두 번 누르기와 더블 클릭

예전과 요즘을 구분하는 기준은 무엇일까? 아마도 인터넷 사용이 아닐까? 20년 전만 해도 컴퓨터를 만질 수 있느냐 없느냐가 기준이었는데. 하기야 미국에서도 구세대를 기원전(Before Christ)이 아닌 통신망전(Before Cable) 세대라고 BC세대로 부른다.

구세대는 컴퓨터를 오락기구로 생각하는 경향이 많았고 정보는 TV에서 얻었지만, 신세대는 컴퓨터는 업무용으로 사용하고, TV는 휴식이 필요할 때 켜지 않는가.

인터넷이 연결되는 곳이라면 컴퓨터로 자기의 사진 수천 장, 자기의 자료 파일 수천 개가 있는 게시판, 방명록 등을 언제든지 볼 수 있다. 구세대가 종이앨범 수십 권, 서류 뭉치 수백 개를 들고 다녀야 할 분량을 운반비나 창고도 필요 없이 공짜로 보관하고 공짜로 사용하고 있는 것이다.

현재는 '유비쿼터스(Ubiquitous) 출판' 시대이다. 한국식으로는 '언제 어디서나 출판' 시대로 표현해야 한다.

두 번 누르기나 다닥 누르기는 500원, 더블 클릭은 1000원, 손톱 그림은 500원, 아이콘은 1000원, 움직그림은 500원, 애니메이션은 1000원, 우유는 500원, 밀크는 1000원, '감동적이다'는 500원, '필이 꽂힌다'는 1000원, 파랑은 500원, 블루는 1000원, 책표지는 500원, 북 커버는 1000원, '단추를 선택한다'를 '버튼을 클릭한다'로 말해야 유식하게 들린단다.

'X누러 가는 것'을 '다운로드하러 간다'라고 하고, 변비를 '다운로드 장애'로 말하는 것은 애교나 있지. 왜 한글 단어는 값을 싸게 쳐주고, 외제 단어는 값을 비싸게 쳐주나?

자기네 고유의 언어가 있는 민족이나 국가 중에도 고유어 표기문자와 외래어 표기문자를 둘 다 갖고 있는 경우는 매우 드물다. 일본에서는 히라가나와 가타가나를 적절히 사용하여 알파벳(외국어)과 순수 일본어 표기를 구별하고 있다. 우리나라에서는 초등학교 교과서에서만 한국어용 한글 폰트와 외래어용 한글 폰트를 구별해 적는다.

모 방송국에 '피자의 아침'이라는 TV 프로그램이 있었다. 이 프로그램을 보고 시청자의 항의가 많았다 하는데, 이유인 즉 프로그램 내내 피자가 한 번도 안 나왔다는 것. 방송국의 해명에 따르면, 여기서 '피자'는 먹는 피자가 아니라, 'PD와 기자'의 약자란다. 'P자'라 해야 할 것을 '피자'라 해서 말썽이 난 경우이다.

외래어 표기용 한글 폰트가 있었으면 여기서 '피자'가 외래어 'P'와 한국어 '자'라는 걸 알 수 있었을 텐데. 알파벳이나 외래어 전용 폰트가 없다보니 표기의 일관성도 지키기 어렵다.

일간신문도 마찬가지이다. 분명 한국 신문인데 영문자가 섞여 있다. '아이엠에프'가 아니라 'IMF'라고 쓰고, 미국 대통령은 'Obama'가 아니라 '오바마'라고 쓴다. 이러한 혼란은 문자에 국한되지 않는다.

언젠가 정부 부처의 서기관이 나오고 출판, 영화, 만화, 게임, 교육, 인터넷 사업, 금융, 전자상거래, 저작권, 수출 환경 등 각 분야의 전문가가 두 명씩 의견을 발표하는 자리에 참석한 적이 있었다.

"멀티미디어 콘텐츠에는 어떤 것이 들어가나요?"

'멀티미디어 콘텐츠'는 고속통신망에 올라가는 디지털 데이터를 나타내는데 이것에 적합한 한글 단어가 없다고 치자.

하지만 "오늘의 '아젠다'는?", "그 분야에 '인발브'된 것은?", "'임플리멘테이션'된다", "오늘은 '해피'하네요" 등등 한국 사람만 모인 자리인데 웬 영어 단어들이 나열된다.

전문가 의견이고 뭐고 우선 "한국말을 씁시다"라고 얘기할 수밖에 없었다.

사람이 사용하는 말은 사실이나 사물, 그리고 주관적인 생각이나 판단을 표현하는 기능을 한다. 그리고 이 표현의 기능을 완전히 만족시키려면 외래어나 외국어 역시 필요할 것이다.

영어를 통해 서민 대중 위에 군림하려는 층에 현 지도층 인사와 엘리트들이 앞장서고 있는 듯한 느낌을 받는다. 양반들이 한문을 통해 백성을 지배하던 망령이 되살아나는 것같이 보인다. 현 대학생들이 어린 백성을 위하던 세종대왕의 정신으로 민족의 화합을 이루는 데 앞장서야 할 것이다. 무분별한 영어의 남용을 막는 것부터 시작하자.

'나 운이 좋아'를 '나 lucky해'라고 표현해야 직성이 풀리는 사람도 있다. 백 번 양보해서 '럭키'가 상황에 꼭 맞는 표현이라 하자. 그럴 땐 최소한 '나는 운이 좋아'를 '나 lucky해'라고 쓰지 말고 '나 럭키해'라고 쓰자.

컴퓨터 용어인 '팝업 윈도우'는 '불쑥창'으로 바꿔 부르자.

일제 시대에 일부 한국 여자는 일본 전통옷 기모노를 입어야 미인 축에 들어간다고 생각했고, 지금은 미제나 유럽 명품을 입어야 미인이라고 생각하는 한국 여자가 있다. 무늬만 수박이지 내용은 호박이다. 호박에 줄긋는다고 수박 되나?

한국말에 영어 단어를 섞어 쓰는, 이름만 한국인이지 내용은 미국인인 사람을 많이 만난다. 머리를 노랑으로 염색하면 껍데기만 미국인이지 알맹이는 한국인으로 남아 있다. 껌을 씹고, 꼬챙이 사탕을 입에 물고, 눈에다 초록색 렌즈를 끼운다고 미국인이 되지는 않는다. 벼룩시장에 벼룩이 없고, 붕어빵에 붕어가 없는 것과는 또 다른 상황이다.

팔레스타인, 한국, 체첸공화국 등 무력으로 점령당한 민족은 테러 등 무력으로 독립운동을 할 수 있었다. 식민지에서 벗어날 가능성이 있는 것이다. 그러나 문화로 점령당한 민족은 독립운동을 할 수 없다.

문화는 정신의 소산이다. 정신이 없는데 어떻게 식민지를 벗어날 생각을 하겠는가? 사회가 일본화되면 문화도 따라서 일본화되기 쉽다. 사회가 미국화되면 문화도 미국화되기 쉽다. 문화를 담는 그릇인 글자와 그 글자로 이루어진 출판물은 문화를 보존하는 역할을 한다. 그런데 말 중에 미국말을 섞어 사용하거나 글 중에 미국 글자를 많이 섞어서 쓰면 그 사람은 미국 문화를 보존하는 역할을 하고 사는 것이다. 외형적으로는 자유의 몸이지만, 정신적으로는 미국 문화의 식민지 사람이 된 것이다.

미국 여행을 가서 길거리에서 마주치는 백인들을 보자. 몇 명을 빼고는 대부분 동화책 마귀할멈과 비슷하게 생기질 않았던가. 그런데도 무조건 백인이 잘생겼고, 멋있다고 생각하는 이유는 무엇인가? 그들의 국민소득이 높아 잘살기 때문인가? 백인 선교사들이 그들의 종교를 전파하기 위해 우리의 문화와 종교를 미신으로 격하시키고 파괴한 때문인가? 일제 식민 지배기의 한국문화 말살정책의 결과인가? 미국이나 프랑스나 자기네 고유 글자가 없어 로만 알파벳을 빌려서 쓰고 있는데, 한국에는 고유 글자인 한글이 있다.

긴 역사에다 세련된 문화와 광대한 포용력을 갖고 있는 한국 문화에 대해 이 시대의 한국 대학생들은 스스로 자존심을 갖고, 이에 걸맞은 행동을 할 때가 왔다.

## 04

# 에이라미와 원시인

문자에는 창조문자와 차용문자가 있다. 창조문자는 문화를 담는 그릇으로서 고유문화의 산물이다. 자기 문화에 맞게 문자를 만드는 것이다. 역사가 오래되면 자기 것을 새기게 되어 있다. 만약 자기 문자가 없으면 남의 문자를 차용해서 사용할 수밖에 없다. 자기의 고유문화를 담을 수 있도록 차용문자를 사용하면서 개선해 나간다.

yikisung@yahoo.co.kr을 어떻게 읽는가? 보통은 '이기성 골뱅이 야후 쩜 시오 쩜 케이알'이나, '이기성 앳 야후 닷 시오 닷 케이알'로 읽는다. 그런데 '이기성 에이라미 야후 쩜 코 쩜 케알'이라 읽으면 어떨까.

@는 에이에 동그라미를 했으니 에이라미라는 것이다. 숫자

도 마찬가지. ①, ②를 '동그라미1', '동그라미2'라 읽지 않고 1라미, 2라미로 읽을 수 있다. www도 '더블류 더블류 더블류'보다는 '따따따'가 편하다.

그러나 외국어나 외래어를 한글로 표기할 때는 혼란이 생긴다. 그리고 이런 혼란을 최소화하는 한 가지 방법은 다양한 한글 폰트를 활용하는 것이다. '따따따'를 한글로 쓰고 보면 도통 의미를 알 수 없지만, 주먹손 나팔은 '**따따따**'로, World Wide Web은 '**따따따**'로 구분하기로 약속하면 문제가 적어진다.

오스트리아의 비엔나. 호텔 현관 앞에서 전차를 타고 시내로 나온다. 왈츠를 보아야지, 여기까지 왔는데. 예약도 안 하고 용감하게 쳐들어갔다. 물론 웨이터에게 팁을 두툼하게 주었으니까 가능했다. 건너편이 최은희 배우가 탈출한 곳이란다.

국제적인 도시라 관광객에게 참 편하게 해 놓았다. 비엔나의 화장실 문에 보면 남자/여자 표시가 글자 대신에 그림으로 그려져 있다. 동그라미와 막대기 또는 모자와 치마, 오래된 식당에 갔더니 화장실 문에 반가운 한글이 있었는데 글쎄 '남, 여'가 아니고 '남, 녀'로 적혀 있었다. 웬일일까?

현대 사회에서는 글자를 사용하지만 원시인들은 그림 글자를 사용했다. 그런데 현대에 다시 그림 글자를 사용하고 있다. 화장실 문뿐 아니라 도로의 안내판도 마찬가지란다. 클로버 모양으로 돌아가는 로터리라고 '클로버 턴하시오'라고 쓴 것보다는 클로버 잎 모양을 그려 놓은 것이 더 빨리 이해가 된다.

## 05

진짜 우리 역사와 우리 문화를 찾자

2015년이 건국 67주년이라고 아는 사람이 많다. 그러나 건국 96주년이다. 정부수립이 67주년이다.

대한민국이라는 나라의 건국은 1919년 상해 임시정부 때라고 보는 견해가 옳다. 1910년 사라진 대한제국 대신에 1919년 대한민국이 건국된 것이다. 1919년에 상해 임시정부가 임시헌법을 발표했다. 정부 자리가 국내에 있지 못하므로 중국에다 임시정부를 세웠고, 1948년에 이승만 대통령이 정식 정부를 수립한 것이다.

1948년 남쪽 한국 유권자 788만여 명 가운데 90.8%가 투표에 참가하여 제헌의회가 구성되었다(5월 10일의 총선거로 선출된 국회의원 198인으로 구성, 1950년 5월 30일까지 임기 2년).

제헌의회는 의장 이승만, 부의장에 신익희, 김동원을 선출하고 국호 대한민국, 단원제 국회, 정부 형태는 의원내각제를 절충한 대통령 중심제로 대통령의 선거는 국회에서 행하는 간접선거로 된 헌법을 1948년 7월 17일에 공포하였다. 1948년 7월 20일 대통령에 이승만, 부통령에 이시영을 국회에서 선출하였다.

뚱보강사는 대한민국 건국 시기를 1919년으로 계산하여 2015년은 건국 96주년이 된다고 말한다. 2015년은 정식 정부 수립 67주년을 맞는다.

일제 식민지배기에 일본이 우리의 말과 글을 말살하려고 했던 것은 우리 민족의 얼을 없애고 일본 민족보다 저능한 민족으로 만들어 영구적인 식민지로 만들고자 했던 것이다. 일본 제국의 문화말살정책은 한글 사용 금지, 한국말 사용 금지, 한국 역사 조작하기 등 우리 민족의 자존심을 짓밟고 민족정기를 꺾어 놓았다.

한글과 한국말을 사용하고 연구하는 것은 일본 식민정책에 반하는 행위이므로 투옥시키고 박해했다. 말하자면 한국말 사용과 한글 연구는 우리 민족의 독립운동이었던 것이다.

일제 식민지배기 아부신행(아베 노부유키)은 마지막 조선총독으로 부임하였고, 1945년 항복문서에 조인했다. 항복 후 그가 한 말은 "우리 일본은 패했지만, 조선 국민이 제정신을 차려 찬란하고 위대했던 옛 조선의 영광을 되찾으려면 100년 이상의 세월이 걸릴 것이다. 우리 일본은 조선 국민에게 총과 대포보다 더 무서운 식민 교육을 심어놓았기 때문이다. 결국 조선 국민은 서로 이간질하며 노예적 삶을 살 것이다"였다.

1945년 일본으로부터 광복한 지 70년, 1948년 점령군인 미국으로부터 독립한 지 67년째인 지금, 한글만으로는 고급 문화와 고급 학문을 창조할 수 없으니 한글과 영어를 섞어서 사용하자는 이야기가 나오고 있다. 예전에도 상놈 백성들이 글을 아는 것을 원치 않았던 층이 있었다. 민중이 습득하기 어려운 한문이나 한자를 사용하여 민중을 지배하려던 세력이 이번에는 영어와 로마자를 사용하여 또다시 우리말과 한글을 압박하고 있다.

뚱보강사는 지금이야말로 우리의 진짜 역사와 우리 문화를 찾는 운동이 일어나야 할 때라고 주장한다.

## 06

# 남자는 녹차, 여자는 커피

'피로 회복엔 X카스!'라는 광고가 있다. 이 광고를 믿고 X카스를 사먹는다. 그러나 찬찬히 생각해 보자. 'X카스를 먹으면 피로해진다'는데(피로가 회복=피로가 다시 된다는데) 왜 X카스를 마시나? '원기를 회복해 준다'면 몰라도 '피로하게 해 준다는데' 돈 주고 사먹는다.

"아빠, 왜 남자가 커피를 먹어?"

6살 난 보현이의 질문이다. 집에 남자 손님이 왔는데 커피를 대접하니까 묻는다. 이 집에서는 식사 후에 아빠는 녹차를 마시고, 엄마와 할머니는 커피를 마시기 때문이다. 미장원에 간 보현이가 묻는다.

"엄마, 왜 여자가 신문을 봐?"

집에서 아침에 신문을 읽는 사람은 아빠이기 때문이다. 보현이네 우물 안에선 남자는 커피 마시면 안 되는 줄 안다.

이슬람 우물 안에서는 여자나 남자나 공공장소에서 신체를 드러내는 것은 알라신을 모독하는 것으로 알고 있다. 반바지를 입고 축구 시합을 하면 체포된다. 수영 선수도 긴 바지 수영복을 입어야 한다. 물론 대중목욕탕은 없다. 남에게 나체를 보이면 유죄이다. 만일 여기서 포로들의 옷을 벗겼다면 이는 어떤 행위일까?

전자책 나라 우물 속에서는 한글 공부를 노래를 부르며 한다. 수업 시간이 시작되면 컴퓨터를 켠다. 디스크책인 시디롬을 넣으면 '꽥꽥' 소리가 나며 오리들이 지나간다. '즐겁게~ 춤을 추다가~ 그대로 멈춰라' 노래가 흥겹게 나온다. 물론 꼬마아이들이 신나게 춤을 추는 그림이 화면에 나온다. 이번에는 가사가 좀 바뀐다. '즐겁게 춤을 추다가 오자를 찾아라!'라고 노래가 나온다.

'그대로 멈춰라' 대신에 '[오]자를 찾아라!'라고 하면서 '오'자가 큰 글자로 보인다. 오리 열 마리가 각기 글자가 써진 종이를 한 장씩 들고 나온다. 이 중에서 '오'자가 써진 종이를 든 오리를 마우스로 끌어다 의자 위에 올려놓는다. 답을 맞히면

'축하합니다' 팡파르가 울리고 오리가 앉은 의자가 두둥실 하늘로 올라간다. 전형적인 에듀테인먼트가 가능한 전자책 나라 우물 속이다.

종이책 나라 우물 속에서는 수업 시간에 '한글 공부' 책을 편다. '오'자는 자음 이응(ㅇ)과 모음 오(ㅗ)가 합쳐진 글자라고 가르친다. 보기 4개를 주고 다음 글자 중에서 '오'자는 어느 것인가를 묻는다. 음악 소리도 안 들린다.

전자책 나라 우물 속 아이들과 종이책 나라 우물 속 아이들 중에서 어느 쪽이 더 한글 공부 시간에 흥미를 느끼고 열심히 공부할까?

짜장면 배달나라 우물 속에서는 머리카락을 어떤 색으로 염색해야 멋있는가 하는 것이 주 관심 대상이다. 철가방이 빡빡머리냐 꽁지머리냐 번개머리냐 등 헤어스타일을 어떻게 하느냐에 관한 연구가 심각한 문제이다.

호스티스 나라 우물 속에서는 얼마나 옷을 많이 벗느냐가 아름다움의 대상이다. 배꼽이 나오는 것은 물론 바지를 그 아래 얼마까지 내리느냐가 경쟁이다. '눈 찢고, 코 높이고, 입 찢고'가 주 관심 대상이다. 열심히 공부하느냐는 관심 밖이다. 몸짱이 최고다. 술 많이 마시는 것이 자랑인 곳이다.

우물 안에서 최고라고 자만하지 말자. 우물 밖에 훨씬 더 훌륭한 사람이 있을 수 있다. 예술대학 우물 안에서 밖으로 나와 보자. 어떤 나라 우물 안에서는 얼마나 성실한가가 사람의 됨됨이를 가늠하는 기준이 된다. 또한 얼마나 열심히 공부하느냐가 존경받는 기준이 되기도 하고 여자가 신문을 읽기도 한다.

성인의 눈으로 살펴보면, 속마음이 아름다운 여인이 진정한 미인일진대, 왜 눈 찢고 코에 칼 대는 성형 수술이 유행할까? 만일 꼭 수술이 하고 싶다면 그 민족을 이끌어나가는 엘리트인 대학생은 '성형 수술' 대신에 지적 실력을 높이는 '실력 수술'을 유행시켜야 하지 않을까?

# 나는 좋은 놈?  나쁜 놈?  믿는 놈?

복식호흡 명상이나 단학 명상이나 파룬 명상이나 명상을 하다보면 먼저 나타나는 상황이 시간 타파이다. 현실에서는 오늘이 몇 월 며칠 몇 시라는 시간의 세계에서 살고 있으나 명상의 세계에서는 시간이 배제된 상태이므로 400년 전으로 갔다가 돌아오는데 시간이 안 걸린다. 2000년 전으로 가는데도 시간이 안 걸린다. 구태여 시간을 따지자면 0.5초 정도? 현실의 뇌가 생각하는 시간 정도 소요될 것이다. 그러니까 명상 중에 전생을 본다는 것이 이상할 것이 없다. 같은 공간, 지금 이 자리에서 몇 백년, 몇 천년을 왔다 갔다 할 수 있으니까.

뚱보강사는 무공이 약해서 후생은 잘 보이지 않는다. 전생만 주로 보인다. 뚱보강사가 본 것이 전생인지 아니면 헛것을 본 것인지, 아니면 꿈인지, 과학적으로는 증명할 방법이 없다. 그러나 명상을 하면 같은 시대로 가 매번 같은 광경이 보이는 것을 보면 뭐가 있기는 있는 것 같다.

명상 중에는 시간 타파 이외에 한 가지가 더 나타난다. 공간 타파의 상황이다. 눈으로 보이는 한 공간에는 한 가지 물체만 존재할 수 있지만, 명상의 공간에는 한 공간에 여러 가지 물체가 존재할 수 있다.

대표적인 것이 인간의 몸이라는 물체이다. 우리가 인지하는 현실에서는 물체가 공간을 점유하므로 몸 하나에 사람 한 명이 들어 있다고 생각한다. 그렇지 않은 경우는 빙의니, 신기가 있다느니, 정신병자라고 판단한다. 명상 중에서의 몸은 3층집이라고 비유하여 생각할 수 있다.

1층에는 우리 눈으로 보이는 물체(인간)가 살고, 2층에는 의념(나의 다른 분신)이 살고 3층에는 우주의 기운이 산다. 우리가 될 것이라고 믿으면 그대로 되는 것, 우리가 보통 자기 최면을 걸어 이루는 것이 사실은(?) 2층집에 사는 나의 분신을 훈련시키는 것 같다. 승리의 마스코트니 이런 것이 2층집에 사는 자기의 분신(또 다른 나)의 역할이라 할 수 있다. 성선설이니 성악설이니 몸에 천사와 악마가 둘 다 있느니 하는 것이 아마도 2층집 분신 때문에 그런 말이 나온 것 같다. 수호천사니 수호령이니 보호령이니 하여 나를 보호하여 주는 착한 무엇이 있다는 이야기도 여기서 비롯된 것 같다.

인간이 사람의 몸의 형태로 세상(지구의 공간)에 탄생할 때 기본으로 우주의 기운(에너지)을 받고 나오는데 이 기운이 머무는 곳이 3층에 해당한다(우주라는 말의 뜻은 이 세상에 존재하는 모든 물질·공간·시간을 포괄하는 것이다).

물론 현실의 제정신으로 보자면 1층, 2층, 3층이 합해져서 한 개의 층밖에 안 보인다. 이 3층에 우주의 기가 들어와 나의 몸의 마음과 행동을 운행하는 기본이 된다. 이 기운의 자리에 어떤 기운을 받아들이느냐는 자신이 선택할 수 있다. 유교, 불교, 선교, 기독교, 천도교 등의 종교나 단학의 우주 기운이나 파룬궁의 우주 기운을 받아들일 수 있는 공간이 3층이라고 생각한다.

스티븐 호킹은 "천국은 없다. 사후세계는 죽음을 두려워하는 사람들이 만들어낸 이야기다. 사람들은 열망하지만 성취 불가능한 윤리적 질서나 생활 방식의 근거로 신을 찾는다"고 하고, 칼 마르크스는 "종교는 인민의 아편"이라 했다.

라이오넬 타이거와 마이클 맥과이어가 지은 책《신의 뇌》에서는 "인간의 뇌가 신을 만들었고, 신은 그 뇌를 위안(brainsoothing)한다"고 하며 "종교란 결국 생물학적으로 뇌가 만들어낸 환상이지만 믿어서 굳이 나쁠 것이 없다"라고 한다. 저자들은 유물론자로 "종교는 축축한 뇌조직의 떨림이 만들어낸 환상일 뿐"이라고도 한다. 또 미국의 보수적 목사 중에서는 9·11 테러를 "미국 내 동성애와 낙태에 대한 신의 응징"이라고 말한 사람도 있다.

"우주가 내 마음속에 있다", "인간이 곧 우주의 축소판이다"라고 주장하는 종교도 있고, "우주나 하늘의 뜻(기운)을 대변인(메신저)이 인간에게 전해준다"는 종교도 있고, 다른 태양계에서 빛으로 우주의 기운을 전달한다고 주장하는 종교 비슷한 단체도 있다. 어느 것이나 1층에 사는 몸을 가진 인간은 자기 스스로 살아가기에는 부족하다는 가정하에서 출발한다.

그리스의 자연철학자 및 스토아학파와 철학자 P. A. 파라셀수스는 우주(대우주)와 인간(소우주)의 유비관계 사상을 주장했다. 즉 대우주에서 성립되는 법칙 등은 소우주인 인간에게도 그것을 반영하여 성립시킬 수 있다는 것이다.

바닥에 양반다리로 앉거나 의자에 앉아서나 천천히 걸으면서나 만세 부르는 자세로 서서 명상을 하면 인간의 몸은 산소 소비와 심장박동이 줄어든다. 명상이 아니라 기도를 해도 긴장이 풀리고 마음이 편해진다. 과학적으로는 기도나 명상을 하면 뇌에서 혈압이 내려가고 알파파가 감소한다는 것, 찌그러진 적혈구 모양이 동그랗게 회복된다는 것, 백혈구의 운동이 활발해져서 면역력이 높아진다는 것 정도만 증명할 수 있다.

자, 그러면 현실로 돌아와서, 아니 제정신 상태로 돌아와서 자기를 살펴보자. 나는 누구인가? 1층에 사는 놈이 나인가? 2층에 사는 놈이 나인가? 둘 다가 나인가? 아님 3층에 사는 놈까지 합쳐서 나인가? 나는 좋은 놈인가? 나쁜 놈인가? 아니면 나는 소우주(micro cosmos)인가? 나는 소우주가 아닌가?

# 누가 먼저 인사하나?

나는 92년생인데, 94년생 조교가 나한테 반말을 해. 난 1학년이지만 군대 갔다 온 복학생인데 2학년 애들이 건방지게 맞먹어. 저 교수는 나와 비슷한 나이야. 나이가 많은 게 최고라는 장유유서의 습관이 전통으로 내려오고 있으니 그럴 수도 있지 않을까.

그러나 이것은 잘못된 생각이다. 나이는 같은 직급에서 장유유서를 따지는 것이지, 무조건 나이 많은 게 우선은 아니다. 아무리 늙었다 하더라도 1학년은 2학년에게 먼저 인사를 해야 한다. 나이 40 먹은 대학원 교수에게 50 넘은 학생이 깍듯하게 인사한다. 아무리 나이가 많아도 학생은 조교에게 인사를 해야 한다.

국제화 시대니, 세계화 시대니 해서 조상도 없고, 부모도 없고, 스승도 없고, 선배도 없는 사회를 만들라는 말이 절대 아니다. 우선 인사부터 시작하자. 우리는 동방예의지국의 국민이란 걸 자랑스럽게 여기자.

## 이기성 박사 프로필

### 학력

경기고등학교 졸업
서울대학교 문리과대학 지리학과 졸업 (1967년)
단국대 경영대학원 정보처리 전공 석사 졸업
단국대 대학원 한글정보처리 전공 박사과정 수료
경기대 대학원 한글세라믹폰트디자인 전공 졸업 (공학박사)

### 현직

한국전자출판교육원장
전자출판학회 (CAPSO) 회장
한국전자출판학회 (KDIPS) 명예회장
한국콘텐츠출판학회 명예회장
한국전자출판협회 (KEPA) 부회장
계원예술대학교 명예교수
동국대 언론정보대학원 겸임교수
글로벌사이버대학교 겸임교수

### 수상

대통령 표창장 (제191313호)
국무총리 표창장 (제59065호)
교육과학기술부장관 표창장 (제9192호)
체신부장관 표창장 (제1556호)
인쇄문화 특별상 (대한인쇄문화협회)
한국출판학술상 우수상 (한국출판연구소)
한국출판학회상 (한국출판학회)
한국전자출판학회상 (한국전자출판학회)

## 출판기술

출판 품질 향상 및 한글디자인 발전에 기여
세계 최초로 한글 도자기 활자 개발 성공으로 고품위 출판물 제작 가능해짐(2000)
한글 폰트 4벌(바탕체, 돋움체, 바탕제목체, 돋움제목체용) 개발(1991-1993)
최초로 한글 컴퓨터 국제통신에 성공, 한글 전자책(ebook) 개발의 기초를 열었음
국내 최초로 한글 DTP 프로그램을 개발하여 탁상출판 시스템 보급에 기여(1987)
개인용 컴퓨터에서 한글 1만 1,172자를 표현해 내는 한글 코드를 표준화시킴

## 출판교육

전자출판산업계에 필요한 출판 인재 양성에 기여
동국대 언론정보대학원 세계 최초로 전자출판론 강좌 개설 및 교육(1988-현재)
한국사이버출판대학 설립 및 6년간 무료 강의(2000-2006)
계원예술대학교에 국내 최초로 '전자출판' 전공 개설 및 출판교육(1995-현재)
한국전자출판교육원 설립 및 출판교육 연구 수행(2011-현재)
글로벌사이버대학교와 공동으로 목요출판특강 개최(2013-현재)
숙명여대 ICT융합연구소와 공동으로 전자출판창업특강 개최(2015-현재)

## 출판연구

전자출판학의 이론적 토대를 마련하여 학문 발전에 기여
한국전자출판연구회(현 전자출판학회) 창립 및 연구(1988-현재)
동국대 언론정보대학원 석사학위논문 66명 지도(1988-현재)
《전자출판론》,《컴퓨터는 깡통이다》등 72권의 저술과 113편의 학술논문 발표

## 출판실무

도서출판 ㈜장왕사에서 교과서 및 단행본 기획, 편집, 제작(1970-1994)
출판계에 '아주 쉽게 저술하는 매뉴얼/학습서'의 새로운 장르 개발
산업인력관리공단의 '전자출판기능사' 자격시험 신설에 적극적으로 참여함
대한출판문화협회의 납본업무 처리 전산화를 주도함

# 출판은
# 깡통이다

초판 1쇄 발행  2015년 5월 26일

지은이    이기성
펴낸이    김경도
편집장    이선영
디자인    코스모스
펴낸곳    춘명
주  소    서울시 서초구 효령로 304 국제전자센터 8층 23호
전  화    02-2654-3288
팩  스    02-2654-3287
출판등록  2008년 9월 9일 (제2014-000168호)
찍은곳    보진재

Copyright ⓒ 2015, 이기성
ISBN 978-89-94676-08-1 (03010)
값 13,800원

이 도서의 국립중앙도서관 출판예정도서목록(CIP)은 서지정보유통
지원시스템 홈페이지(http://seoji.nl.go.kr)와 국가자료공동목록
시스템(http://www.nl.go.kr/kolisnet)에서 이용하실 수 있습니다.
(CIP제어번호 : CIP2015012962)